frank boger

ortsumgehung

zwei stücke

AF211100

1. auflage 2003
herstellung: books on demand gmbh
ISBN   3-8330-1133-5

Ortsumgehung

oder
Draußen Nirgendwo

Nichts Niemand Nirgends Nie

Arno Schmidt
KAFF

1

Bahnhof, ein paar Gleise, Mauer, Bank, Laterne
Der Ältere, der Jüngere

DER ÄLTERE – *auf der Bank sitzend* – Was machste da?

DER JÜNGERE – *an der Laterne lehnend* – Ich stehe hier.

DER ÄLTERE Sehe ich.

DER JÜNGERE Was fragste dann?

– Pause –

DER ÄLTERE Was stehsten da?

DER JÜNGERE Geht Dich nichts an.

DER ÄLTERE Geht mich sehr wohl was an, denn ich sitze hier.

DER JÜNGERE Geht Dich nichts an. Du sitzst da, ich stehe hier. Was kümmerts Dich?

DER ÄLTERE Es kümmert mich, daß Du da stehst. Tatsächlich wär es mir angenehmer, es stünde niemand da. Deswegen kümmerts mich.

DER JÜNGERE Auch mir wärs viel lieber, dort säße niemand, doch deswegen kümmerts mich noch lange nicht, daß Du da sitzst. Ich nehme Dich überhaupt nicht zur Kenntnis.

DER ÄLTERE Oh doch. Du nimmst mich zur Kenntnis. Du redest mit mir. Du könntest nicht mit mir reden, ohne mich zur Kenntnis zu nehmen.

DER JÜNGERE Ich rede mit Dir, weil es sich nicht vermeiden läßt. Ich würde viel lieber nicht mit Dir reden.

DER ÄLTERE Ich rede gern mit Dir.

DER JÜNGERE Höre ich.

– Pause –

DER ÄLTERE Was tätst denn machen, wenn ich nicht da wäre?

DER JÜNGERE Weiß nicht.

DER ÄLTERE Würdst auch da stehen, wenn ich nicht da wär?

DER JÜNGERE Vielleicht.

DER ÄLTERE Oder würdste hier sitzen, wenn ich nicht da wär?

DER JÜNGERE Weiß nicht. Vielleicht würd ich hier stehen, vielleicht würd ich da sitzen. Was kümmerts Dich?

DER ÄLTERE Na, dann komm. Setz Dich.

DER JÜNGERE Nein.

DER ÄLTERE Soll ich mich zu Dir stellen?

DER JÜNGERE Um Gottes willen, nein. Laß mich in Ruhe.

DER ÄLTERE In Ruhe?

DER JÜNGERE Ich will meine Ruhe haben.

DER ÄLTERE Deine Ruhe haben?

DER JÜNGERE Ja. Meine Ruhe.

DER ÄLTERE Das geht nicht.

DER JÜNGERE Das geht nicht?

DER ÄLTERE Nein, das geht nicht. Es gibt keine Ruhe. Nicht für Dich. Nicht für mich. Ruhe gibts nicht. Für niemanden.

DER JÜNGERE Wofür leben wir dann?

– Pause –

DER ÄLTERE Wo kommste denn her?

DER JÜNGERE Ich?

DER ÄLTERE Ja, Du. Woher kommst Du?

DER JÜNGERE Von da.

DER ÄLTERE Ja, schon. Ich meine, woher stammst Du?

DER JÜNGERE Auch von da.

DER ÄLTERE Deine Heimat. Wo ist Deine Heimat?

DER JÜNGERE Heimat? Was ist das?

– *Pause* –

DER ÄLTERE Fährst nach Hause?

DER JÜNGERE Nach Hause? Ich?

DER ÄLTERE Ja.

DER JÜNGERE Hab kein Zuhause.

DER ÄLTERE Kein Zuhause?

DER JÜNGERE Nein.

DER ÄLTERE Aber wo wohnst Du? Wo lebst Du?

DER JÜNGERE Mal hier, mal da.

DER ÄLTERE Mal hier, mal da?

DER JÜNGERE Je nachdem.

DER ÄLTERE Aber Du mußt doch irgendwohin gehören!

DER JÜNGERE Ich muß gar nichts. Schon gar nicht irgendwohin gehören. Ich gehöre nirgendwohin.
Merk Dir das.

DER ÄLTERE Jeder Mensch gehört irgendwohin.

DER JÜNGERE Wirklich?

DER ÄLTERE Jeder.

DER JÜNGERE Ich bin immer da, wo ich bin.

– *Pause* –

DER ÄLTERE Bist ziemlich kurz angebunden, was?

DER JÜNGERE Du fragst zuviel.

DER ÄLTERE Meine Fragen stören Dich?

DER JÜNGERE Ja.

DER ÄLTERE Redest wohl nicht gern?

DER JÜNGERE Nein.

DER ÄLTERE Nein? Und warum redeste dann mit mir?

DER JÜNGERE Ich rede doch nicht mit Dir. Ich antworte nur.

DER ÄLTERE Du antwortest nur?

DER JÜNGERE So gut es geht.

DER ÄLTERE Und redest nicht?

DER JÜNGERE Ich antworte.

DER ÄLTERE Und warum antwortest Du?

DER JÜNGERE Und warum fragst Du?

– Pause –

DER ÄLTERE Könntest ruhig bißchen freundlicher sein.

DER JÜNGERE Warum?

DER ÄLTERE Wär angenehmer.

DER JÜNGERE Ich bin wie ich bin.

DER ÄLTERE Kümmern Dich andere gar nicht?

DER JÜNGERE Nein.

DER ÄLTERE Aber wir leben doch miteinander!

DER JÜNGERE Wir?

DER ÄLTERE Ja. Du und ich und all die anderen.

DER JÜNGERE Ich lebe nicht mit Dir. Oder mit anderen.
Ich lebe mit niemandem.

DER ÄLTERE Man lebt nie allein.

DER JÜNGERE Ich schon.

DER ÄLTERE Auch Du nicht.

DER JÜNGERE Ich bin ich, und die anderen sind die anderen.

DER ÄLTERE So einfach ist das Leben nicht.

DER JÜNGERE Nein, einfach ist es nicht.

10

– Pause –

DER ÄLTERE Bistn komischer Kerl.

DER JÜNGERE Sei doch endlich mal ruhig.

DER ÄLTERE Ich will wissen, wer Du bist.

DER JÜNGERE Warum?

DER ÄLTERE Weil ich wissen will, wer Du bist.

DER JÜNGERE Was hast Du davon?

DER ÄLTERE Ich bin halt neugierig.

DER JÜNGERE Ich sag kein Wort mehr.

DER ÄLTERE Ich werd aus Dir nicht schlau.

DER JÜNGERE Na und? Niemand verlangt doch, aus mir
    schlau werden zu müssen.

DER ÄLTERE Junge, so geht man nicht miteinander um.

DER JÜNGERE Na und?

DER ÄLTERE Wir sind doch Menschen.

DER JÜNGERE Eben.

– Pause –

DER ÄLTERE Komm, setz Dich zu mir. Na komm.

DER JÜNGERE Ich sag kein Wort mehr.

DER ÄLTERE Was soll das?

DER JÜNGERE Ich sag kein Wort mehr.

DER ÄLTERE Das hat doch keinen Sinn.

DER JÜNGERE Sinn! Was hat schon Sinn?

DER ÄLTERE Alles hat einen Sinn.

DER JÜNGERE Nichts hat einen Sinn. Was sollte es denn
für einen Sinn haben, bei Dir zu sitzen? Mit Dir
zu reden? Dummes Zeug zu reden?

DER ÄLTERE Wer weiß.

DER JÜNGERE Absolut unsinnig, zusammen zu sitzen
und miteinander zu reden. Absolut unsinnig.
Kommt nix bei raus.

DER ÄLTERE Wer weiß.

DER JÜNGERE Wer weiß! Wer weiß! Niemand weiß!

DER ÄLTERE Wer weiß?

– *Pause* –

DER JÜNGERE – *murmelt vor sich hin* – Das ganze Leben ist sinnlos.

DER ÄLTERE Was hast Du grad gesagt?

DER JÜNGERE Nichts.

DER ÄLTERE Aber Du hast doch grad was gesagt.

DER JÜNGERE Nichts hab ich gesagt.

DER ÄLTERE Hast doch was gesagt. Das ganze Leben ist sinnlos. Hast Du das gesagt?

DER JÜNGERE Nichts hab ich gesagt.

DER ÄLTERE Sagtest Du, das ganze Leben ist sinnlos? Das ganze Leben? Alles?

DER JÜNGERE Alles. Was sollte es denn für einen Sinn haben?

DER ÄLTERE Wer weiß?

DER JÜNGERE Keinen. Das Leben macht keinen Sinn.

DER ÄLTERE Und warum leben wir dann?

DER JÜNGERE Warum? Warum? Was weiß ich!

DER ÄLTERE Es muß doch einen Sinn geben. Sonst würden wir doch nicht leben.

DER JÜNGERE Wir leben, weil wir leben.

DER ÄLTERE Wir leben, weil wir leben? Das ist doch noch kein Grund. Das macht doch keinen Sinn.

DER JÜNGERE Nein, ein Grund ist das nicht, aber nicht zu ändern.

– Pause –

DER ÄLTERE Hast schon mal dran gedacht, Dich zu töten?

13

DER JÜNGERE Was?

DER ÄLTERE Ob Du schon mal dran gedacht hast ...

DER JÜNGERE Ich? Mich? Warum sollte ich?

DER ÄLTERE Weil Du nicht leben magst.

DER JÜNGERE Wer sagt das?

DER ÄLTERE Na Du.

DER JÜNGERE Hab ich gesagt?

DER ÄLTERE Hast Du gesagt.

DER JÜNGERE Hab ich nicht gesagt.

DER ÄLTERE Hast Du gesagt.

DER JÜNGERE Hab ich nicht.

DER ÄLTERE Wer hat denn gesagt, das Leben sei sinnlos?

DER JÜNGERE Ich.

DER ÄLTERE Na also.

DER JÜNGERE Was, na also?

DER ÄLTERE Was ich gesagt habe.

DER JÜNGERE Was hasten gesagt?

DER ÄLTERE Daß Du nicht leben magst.

14

DER JÜNGERE Hab ich nicht gesagt. Ich hab gesagt das Leben ist sinnlos. Sinnlos! Ich hab nicht gesagt, daß ich nicht leben mag.

DER ÄLTERE Das ist doch dasselbe!

DER JÜNGERE Dasselbe?

DER ÄLTERE Dasselbe.

DER JÜNGERE Das sind völlig verschiedene Dinge.

– Pause –

DER ÄLTERE Warum lebst Du, wenn Du nicht leben magst?

DER JÜNGERE Ich hab nicht gesagt, daß ich nicht leben mag.

DER ÄLTERE Gefällt Dir das Leben?

DER JÜNGERE Hab ich doch gar nicht gesagt.

DER ÄLTERE Ich weiß, was Du gesagt hast.

DER JÜNGERE Na bitte, dann ist doch alles in Ordnung.

DER ÄLTERE Nichts ist in Ordnung. Gefällt Dir nun das Leben oder gefällt es Dir nicht?

DER JÜNGERE Ich lebe! Punkt.

DER ÄLTERE Das ist nichts Besonderes. Das tun wir alle.

– Pause –

DER ÄLTERE Kennst Du Dich? Weißt Du, wer Du bist?

DER JÜNGERE Was soll denn das nun wieder?

DER ÄLTERE Ach, nichts.

– Pause –

DER ÄLTERE Wartest auch aufn Zug?

DER JÜNGERE Was kümmerts Dich?

DER ÄLTERE Gar nichts.

DER JÜNGERE Dann frag doch nicht.

DER ÄLTERE Ich will nur mit Dir reden.

DER JÜNGERE Du hast gar nichts zu wollen. Und von mir schon gar nicht. Klar?

DER ÄLTERE Klar.

– Pause –

DER ÄLTERE Ich dachte nur ...

DER JÜNGERE Halt die Klappe, es interessiert michn Dreck, was Du denkst.

– Pause –

DER ÄLTERE Weißt Du, es gibt Situationen, da freut man sich, andere Menschen zu treffen, mit ihnen zu reden, zu lachen ...

DER JÜNGERE Will nicht lachen, will nicht reden.

DER ÄLTERE Fragst Du Dich nicht manchmal auch, wer
Du bist?

DER JÜNGERE Wer ich bin?

DER ÄLTERE Ja, wer Du bist. Das ist doch eine ganz na-
türliche Frage. Das fragt sich doch jeder mal.
Wer er ist.

– Pause –

DER JÜNGERE *– geht langsam zur Bank, setzt sich –* Ja,
ich fragte mich in der Tat schon öfter, wer bin
ich, warum ich bin, warum ich ich bin, warum
ich der bin, der ich bin und nicht der, der ich
sein könnte, sein wollte, warum ich der bin, der
ich bin, warum ich bin, wer ich bin, doch ich
schätze, ich habe jetzt ein Alter erreicht, in dem
sich derartige Fragen naturgemäß nicht mehr
stellen, nicht mehr stellen sollten, ein Alter, in
dem naturgemäß alle Zweifel beseitigt sind, beseitigt sein sollten, ein Alter, in dem nur noch
Erfahrung zählt, Erfahrung zählen sollte, und
ich erinnere mich, mal in meinen Paß geschaut
zu haben, in dem ist ein Geburtsdatum nieder-
geschrieben, ein Geburtsdatum schwarz auf
weiß, wie man zu sagen pflegt, ein Datum, das
vermutlich meines ist, und ich habe auf dieses
Datum geschaut und gerechnet und eine Zahl
erhalten, eine schreckliche Zahl, eine furchter-
regende Zahl, eine Zahl, bei der mir schwinde-
lig geworden ist, und ich schätze, man wird mir
nun zurufen, das sei doch kein Alter, achtunddreißig sei doch kein Alter, mit achtunddreißig

beginne doch erst das Leben, mit achtunddreißig hast Du doch noch Träume, und dem, der
mir derartiges zuruft, dem antworte ich, daß eine Zahl, eine einzige Zahl, nichts sage, nichts
sagen könne, nicht mit achtundzwanzig wußte
ich, wer ich bin, nicht mit achtzehn, und auch
mit achtunddreißig weiß ich nicht, wer ich bin,
warum ich bin, warum ich der bin, der ich bin
und nicht der, der ich sein könnte, und ich denke, ich könnte ein ganz anderer sein, einer der
nicht so ist wie ich, einer, der versteht, begreift,
solch einer könnte ich sein, aber der bin ich
nicht, ich bin ich, ich bin der, der ich bin, ich
muß der sein, der ich bin, ich komme nicht weg
von mir, kann mich nicht entfernen von mir,
muß mich immer und immer mit mir schleppen,
diesen unsäglichen Ballast muß ich mit mir
schleppen wie ein Buckliger seinen Buckel, und
wissen möchte ich, warum ich nicht raus kann
aus mir, warum ich bleiben muß wie ich bin,
wo ich bin, wer ich bin, immer war das so, immer war ich der, der ich bin, mit achtzehn war
das so, mit achtzehn war ich der, der ich bin,
mit achtundzwanzig war ich der, der ich bin,
und mit achtunddreißig bin ich immer noch der,
der ich bin und immer war und nicht der, der
ich sein wollte, und ich frage mich, immer wieder frage ich mich, wie könnte ich ein anderer
sein, einer der nicht ist wie ich, wie könnte ich
das mit achtunddreißig, achtunddreißig Jahre
sind schließlich eine lange Zeit, in der müßte
man eigentlich gelernt haben, zu sein, der man
ist, und ich kann immer nur ich sein, ich bin
ich, aber wer bin ich, warum bin ich, ich weiß,
daß ich bin, aber nicht, wer ich bin, warum ich
bin, woher ich komme, wohin ich gehe, alles ist

trübe, verschwommen, nichts ist klar, vor allem nicht das, was ich mich seit achtunddreißig Jahren frage, was mich quält, was mich zerreißt, weil ich keine Antwort finde, weil alles unscharf bleibt, nichts sicher ist, und ich erinnere mich an Namen, Namen, die wie meiner klingen und doch wieder nicht klingen wie meiner, wie der, der meiner sein könnte und doch nicht meiner sein könnte, vielleicht auch meiner ist und vielleicht doch nicht meiner ist, die mir aber bekannt sind, bekannt vorkommen, von irgendwoher sehr bekannt vorkommen, die mir gleichzeitig aber wenig sagen, die mir fremd sind und fern wie ein anderer Stern, und ich fühle, wie es in mir aufflackert, bei der Erinnerung an diese Namen, kurz aufflackert, wie es brennt, wie die Namen kurz aufleuchten, vorbeihuschen und ins Nichts entschwinden wie eine Sternschnuppe ins All, und wissen möchte ich, was es mit diesen Namen auf sich hat, die in mir aufleuchten, komische Namen, seltsame Namen, verrückte Namen, Namen, die vielleicht gar keine sind, sondern Bezeichnungen, Bezeichnungen für irgendetwas, Bezeichnungen, die mir bekannt vorkommen, die ich kenne, ganz sicher, ich kenne sie, ich kenne sie bestimmt, ich bin sicher, sie zu kennen, ganz sicher, ich kenne sie von irgendwoher, doch woher kenne ich sie, woher, und ich erinnere mich, ich erinnere mich an diese Bezeichnungen als seien sie gute Bekannte von mir, als kennte ich sie schon jahrelang, als seien sie meine ständigen Begleiter: Leu und Ness.

– Pause –

DER ÄLTERE – *in die Stille* – Hast Du was gesagt?

DER JÜNGERE Leu und Ness. Oder vielleicht Leuness?
Nessleu? Was sind das für Begriffe? Was sind
das für Bezeichnungen? Könnte etwas davon
mir gehören, mein Name sein? Oder sind das
vielleicht Vorstellungen von Namen, Vorstellungen von meinem Namen? Was sind das für
Worte, Leu und Ness? Was bezeichnen sie? Eine Gegend? Einen Ort? Einen Namen? Meinen
Namen gar? Ist Leu oder Ness wirklich mein
Name? Gehört einer dieser Namen wirklich
mir? Oder sind es vielleicht nur Namensbe-
standteile? Loiness? Nessloi? Neßleu? Nezleu?
Ich kann nichts für diese Namen, ich weiß
nicht, woher sie kommen, sie sind in meinem
Kopf, spuken da herum, treiben ihr Unwesen,
sie können alles mögliche bedeuten, oder auch
nichts, ich weiß es nicht, ich weiß nicht, was
diese Worte bedeuten, ich weiß nicht, welchen
Sinn sie haben, es würde Sinn machen, wenn es
meine Namen wären, oder einen Hinweis darauf gäben, wie mein Name sein könnte, oder
die Gegend, aus der ich komme, oder der Ort,
in dem ich geboren bin, aber all das hat mich
nie interessiert, ich hab keine Erinnerung daran,
weil es mich nicht interessiert hat, doch ich erinnere mich, daß mein Vater mich öfter mitge-
nommen hat in dieses Kaff an dem Fluß, da hat
es einen Friedhof gegeben, den er mir gezeigt
hat, da lagen Verstorbene, die alle den gleichen
Namen hatten, aber welchen, weiß ich nicht
mehr, vielleicht war es einer jener, die mir im
Kopf herumspuken, Ness oder Leu, oder Nezleu, hat mich nie interessiert, Herkunft, oder
auch Heimat, das sind Begriffe, mit denen ich

nichts anfangen kann, die mir nichts bedeuten, altmodische Begriffe, Begriffe von gestern, die Vergangenheit allerdings interessiert mich nicht, vorbei ist vorbei, mich interessiert das Jetzt, wenn mich überhaupt was interessiert. – *Pause* – Zugegeben, das ist egoistisch, na wenn schon, sind wir nicht alle Egoisten? Wir sind alle Egoisten, wer das leugnet, ist ein Heuchler, wir sind alle Egoisten oder Heuchler, jeder denkt nur an sich, naturgemäß denkt jeder an sich, an was auch sonst, wer behauptet, für andere da zu sein, für andere da sein zu wollen, spielt Theater, in Wirklichkeit ist auch er ein Egoist, er gibt nur vor, für andere da sein zu wollen, in Wirklichkeit geht es ihm aber nur um sich, er will, daß andere gut über ihn denken, er will ein schönes Bild von sich, behaupte ich. – *Pause* – Natürlich weiß ich auch, daß es das Jetzt streng genommen nicht gibt, das Jetzt ist ein so verschwindend kleiner Augenblick, daß man ihn gar nicht erfassen kann, noch bevor man das Jetzt denken kann, ist es schon vergangen, die Zeit ist unerbittlich, sie läßt sich nun mal nicht aufhalten.

DER ÄLTERE Was erzählst Du da?

DER JÜNGERE – *fährt fort* – Immer, wenn ich versuche, mir darüber klar zu werden, was das Jetzt ist, scheitere ich, weil ich viel zu lange brauche, mir das Jetzt ins Bewußtsein zu rufen.

DER ÄLTERE Bist Du noch bei Trost?

DER JÜNGERE – *fährt fort* – Und wenn ich meine, das Jetzt erfaßt zu haben, muß ich feststellen, daß es mir bereits davongeeilt ist, daß das Jetzt bereits Vergangenheit ist und ich mich in einem neuen Jetzt befinde. Ich habe es schon lange aufgegeben, das Jetzt zeitlich erfassen zu wollen und definiere es über meine Person.

DER ÄLTERE Über Deine Person? Du definierst über Diene Person? Wer bist denn Du? Weißt Du überhaupt, wer Du bist, Du Person? Weißt Du das denn überhaupt?

DER JÜNGERE – *fährt fort* – Das Jetzt ist die Spanne, in der ich lebe, von der Geburt bis hin zum Tod, natürlich lassen sich auch andere Festlegungen treffen, aber ich mache es nun mal so.

DER ÄLTERE – *feixt* – Aber er macht es nun mal so! – *Pause* – Wer bist denn Du überhaupt, daß Du Festlegungen treffen kannst? Wer bist Du?

DER JÜNGERE – *leise murmelnd* – Meinen Namen weiß ich nicht, möglicherweise ist er Nezleu, möglicherweise auch nicht, möglicherweise ist Nezleu gar nicht mein Name, möglicherweise ist mein Name ein ganz anderer. Ich bin der, der ich bin, nicht der, der ich sein könnte, ich bin achtunddreißig Jahre alt, aber das hat nichts zu bedeuten, mein Name ist unbestimmt, ich bin der, der ich bin, nicht der, der ich sein könnte, ich bin achtunddreißig Jahre alt, aber das hat nichts zu bedeuten, mein Name ist ....

DER ÄLTERE – *laut* – Nun hör schon auf.

DER JÜNGERE – *weiter murmelnd* – Mein Name ist ...

DER ÄLTERE – *lauter* – Hör auf!

DER JÜNGERE – *weiter murmelnd* – Ich komme aus ...

DER ÄLTERE – *langsam aufstehend und wegtretend* –
Du bist unerträglich.

2

Bahnhof, ein paar Gleise, Mauer, Bank, Laterne
Der Ältere, der Jüngere

DER JÜNGERE – *zum Älteren hinüber* – Warum bist Du
    aufgestanden?

DER ÄLTERE – *ohne den Jüngeren anzusehen* – Weil ich
    es nicht mehr aushalte neben Dir.

DER JÜNGERE Aber Du wolltest doch, daß ich zu Dir
    komme. Du wolltest doch, daß ich mich zu Dir
    setze. Daß wir miteinander reden.

DER ÄLTERE Ja, das wollte ich.

DER JÜNGERE Und?

DER ÄLTERE Was und?

DER JÜNGERE Warum bist Du aufgestanden?

DER ÄLTERE Sagte ich doch. Weil ich es nicht mehr aus-
    halte. Dich nicht mehr aushalte. Dich und Dein
    dummes Zeug.

DER JÜNGERE Dummes Zeug?

DER ÄLTERE Du redest nur dummes Zeug.

– Pause –

DER JÜNGERE Was soll ich denn machen?

DER ÄLTERE Schweigen. Nichts sagen.

DER JÜNGERE Das habe ich doch getan. Anfangs. Bevor
ich mich zu Dir setzte. Da habe ich geschwie-
gen. Da habe ich nichts gesagt. Nur Antworten
gegeben. Ich habe nur geantwortet.

DER ÄLTERE Besser, Du wärst dabei geblieben.

DER JÜNGERE Ja.

DER ÄLTERE Besser, Du hättest nicht geredet.

DER JÜNGERE Ja.

– Pause –

DER ÄLTERE *– sich dem Jüngeren zuwendend –* Kennst
Du eigentlich Humphrey Bogart?

DER JÜNGERE Hä?

DER ÄLTERE Bogart. Humphrey Bogart.

DER JÜNGERE Nein. Wer soll das sein?

DER ÄLTERE Das soll niemand sein. Das ist vielmehr jemand. Oder besser war jemand.

DER JÜNGERE Aha.

DER ÄLTERE Das warn ganzer Kerl.

DER JÜNGERE Aha.

DER ÄLTERE So einen gibts kein zweites Mal.

DER JÜNGERE Wie denn auch.

DER ÄLTERE Das war ein Mann!

DER JÜNGERE Du sagtest es schon.

DER ÄLTERE Dagegen bist Du eine Null, Nezleu, oder nicht Nezleu, oder wie Du auch immer heißen magst, eine Null. Du bist eine Null, Nezleu.

DER JÜNGERE – *aufstehend* – Aber Du, was? Du bist eine Kanone, ein ganz großes Licht?

DER ÄLTERE – *nicht ohne Stolz* – Naja, ich habs schon zu was gebracht im Leben, sicher zu mehr als Du.

DER JÜNGERE Ach? Hast Du? Hast es zu etwas gebracht? Zu mehr als ich? Und das weißt Du genau? Womit denn? Wie denn?

DER ÄLTERE Ich bin schließlich älter als Du.

DER JÜNGERE Er ist schließlich älter als ich. Und wer älter ist, hats zu mehr gebracht. So ist das. Schau an. Älter ist er. Und hat es zu mehr gebracht. – *Pause* – So einfach ist das Leben nicht, mein Lieber, so einfach nicht. Älter kannst Du ja gerne sein, bitte, aber das gibt Dir noch lange nicht das Recht, solch einen Quatsch daherzureden.

DER ÄLTERE Das ist kein Quatsch. Ich bin älter.

DER JÜNGERE Sicher bist Du älter, sicher. Na und?

DER ÄLTERE Na und? Na und? Wer älter ist, kann mehr, weiß mehr, ist mehr.

DER JÜNGERE Oho! Wer älter ist, kann mehr, weiß mehr, ist mehr. Oho! Was kann er denn mehr, unser Schlaumeier, was kann er denn mehr? Was weiß er denn, unser Neunmalkluger, unser Superhirn? – *Pause* – Na, hats Dir die Sprache verschlagen? Laß hören. – *Pause* – Bist doch sonst nicht so kleinlaut, redest doch sonst auch, was das Zeug hält. – *Pause* – Na, plötzlich stumm geworden, großer Meister?

DER ÄLTERE Du bist nicht nett.

DER JÜNGERE Hört, hört! Ich bin nicht nett! – *Pause* – Nein, nett bin ich nicht. Nie gewesen. – *spöttisch* – Ich rede nur gern, verstehst Du? Ich möchte ein bißchen mit Dir reden. Nur ein bißchen. Weißt Du, es gibt Situationen, da ...

DER ÄLTERE Hör auf!

DER JÜNGERE... da freut man sich, andere Menschen zu treffen ...

DER ÄLTERE Hör auf!

DER JÜNGERE... mit ihnen zu reden, zu lachen. – *lacht* – Kommt Dir bekannt vor, was?

DER ÄLTERE Hör auf!

DER JÜNGERE Fällt Dir nicht mal was anderes ein? Immer nur hör auf! Ich will nicht aufhören.

DER ÄLTERE – *auf den Jüngeren zugehend* – Du hörst sofort auf. Sofort!

DER JÜNGERE Nein!

DER ÄLTERE – *den Jüngeren am Kragen packend* – Sofort hörst Du auf!

DER JÜNGERE Nein.

DER ÄLTERE – *den Jüngeren wegstoßend* – Sofort, sage ich.

– Pause –

DER JÜNGERE – *am Boden liegend* – Hör mal, so kannst Du nicht mit mir umgehen.

DER ÄLTERE – *sich auf die Bank setzend* – So gehe ich mit Dir um.

DER JÜNGERE Du bist nicht nett.

DER ÄLTERE – *sich auf der Bank ausstreckend* – Ich bin nicht nett. Nie gewesen.

– Pause –

DER JÜNGERE – *inzwischen aufgestanden* – Was ist denn mit diesem Bogart?

DER ÄLTERE – *gelangweilt* – Nichts weiter.

– Pause –

DER JÜNGERE Nichts weiter?

DER ÄLTERE Ist nurn Kerl.

– Pause –

DER JÜNGERE Tot?

DER ÄLTERE Schon länger.

– Pause –

DER JÜNGERE Und was war mit ihm?

DER ÄLTERE Naja, war haltn Kerl.

– Pause –

DER JÜNGERE So wie Du?

DER ÄLTERE Würd ich nicht sagen.

– Pause –

DER JÜNGERE Wie ich?

DER ÄLTERE Würd ich nicht sagen.

– Pause –

DER JÜNGERE Warn ganzer Kerl, was?

DER ÄLTERE Warn ganzer Kerl, ja.

– Pause –

DER JÜNGERE Dein Freund?

DER ÄLTERE Nein.

DER JÜNGERE Dein Bruder?

DER ÄLTERE Nein.

– Pause –

DER JÜNGERE Gibt nicht mehr viel ganze Kerle heute.

DER ÄLTERE Nein. Solche nicht mehr. Nicht wie ihn.

– Pause –

DER JÜNGERE Wo war er denn her?

DER ÄLTERE Wer?

DER JÜNGERE Na, dieser Bogart.

DER ÄLTERE Weiß nicht.

DER JÜNGERE Mußt Du doch wissen.

DER ÄLTERE Muß ich wissen? Wieso?

– Pause –

DER JÜNGERE He, wo kommsten Du eigentlich her? Wer bistn Du eigentlich? *– Pause –* He Du, hörst Du mich? *– Pause –* Der hört nicht. He, sag mal was. Sag doch mal, woher Du kommst. *– Pause*

30

– Der hört nicht. Der sagt nichts. Der legt sich da einfach hin und sagt nichts. Kein Wort. – *Pause* – Bist taub geworden, was? Willst nichts mehr sagen, was? – *monologisierend* – Der Kerl ist unerträglich. Unerträglich ist dieser Kerl. Hab ich doch gleich gewußt. Vom ersten Augenblick an. Sofort. Gleich als ich ihn sah. Hab vom ersten Augenblick gewußt, daß der nichts taugt. Hab gleich nicht mit ihm reden wollen. – *zum Älteren* – Willst Du immer noch nichts sagen? – *Pause* – Was bist du nur für ein Mensch? Hock mich erst zu Dir, forderst mich, forderst mich auf, zu reden, und ich Idiot rede, rede schließlich, obwohl ich eigentlich gar nicht reden will, rede von mir, erzähle Dir von mir, erzähle Dinge, die ich keinem Menschen sonst erzählt habe, erzählen werde, ich gebe Dir, was Du forderst, mehr noch, ich gebe Dir alles von mir, alles, was ich habe, und Du, was machst Du? Du machst nichts, Du sagst nichts, Du erzählst nichts, Du gibst nichts zurück, Du nimmst und stellst nur dumme Fragen. – *Pause, schreit dann* – Ich habe mich Dir ausgeliefert. – *Pause* – Hast Du verstanden? – *Pause* – Ausgeliefert habe ich mich Dir. – *Pause* – Und der Kerl liegt da und regt sich nicht. – *Pause* – Tut so, als ginge ihn das alles nichts an. – *Pause* – Ich rede, er schweigt. – *Pause* – Sagt nichts. Sagt nicht, wer er ist und woher er kommt. Was er will – *Pause* – Sagt gar nichts. – *Pause, schreit wieder* – Woher kommst Du? – *Pause* – Woher? – *Pause* – Kommst Du auch aus so einer öden Gegend wie ich, so einem öden Kaff? – *Pause* – Nun rede doch! – *Pause* – Woher kommst Du? – *Pause* – Ich komme aus Nezleu. Hörst Du aus Nezleu. – *Pause* – Das weiß ich.

Ich mein, ich glaub es zumindest. Ich glaub, daß ich aus Nezleu komme. – *Pause* – Ich weiß wenig, aber das glaub ich zu wissen. Daß ich aus Nezleu komm. Oder wenn ich schon nicht aus Nezleu komm, daß ich so heiße, daß ich Nezleu heiße, daß Nezleu mein Name ist, falls ich nicht aus Nezleu komme. Irgendwie hab ich diesen Namen im Kopf, ich kann ihn nur nicht zuordnen, aber irgendwas muß er doch bedeuten, woher sollte ich ihn sonst kennen, diesen Namen. – *Pause* – Wissen möchte ich, welchen Namen ich tragen könnte, wenn ich nicht den Namen Nezleu tragen sollte, ob ich jeden anderen Namen auch tragen könnte und ob ich immer schon den Namen Nezleu getragen habe, oder ob ich mehrere Namen tragen könnte, verschiedene Namen, verschiedene Namen zu verschiedenen Zeiten. – *Pause* – Und ich weiß auch, daß ich aus diesem Kaff komme, diesem Nezleu, diesem hundserbärmlichen Kaff an der Grenze, die nicht mehr existiert, nicht mehr ist, nichts ist mehr so, alles fließt, alles weicht, nichts bleibt, diese elende seelenlose Stadt, ohne Gesicht, ohne Luft, die Stadt, die mir den Hals zuschnürte, mich abwürgte, mich nicht zur Entfaltung kommen ließ, wie sie mich ankotzt, diese Stadt, wie sie mich anwidert, diese Stadt, wie sie mich anekelt, diese Stadt, aus der ich vor Jahren, vor etlichen Jahren, ging, wegging, nein floh, ja, geflohen bin ich, geflohen aus dieser jämmerlichen Stadt, die mich halten wollte, beharrlich festhalten wollte, mich greifen, mich packen, mich verschlingen, sich meiner bemächtigen wollte, die allgegenwärtig war, diese Stadt, die mich nicht entkommen lassen wollte, die mir den Weg versperrte, diese Stadt, die mich ansprang, sich auf meine Schultern lud, die mich niederdrückte, mich schwachen Knaben niederdrückte, langsam aber stetig niederdrückte, bis mir endlich die Knie wegbrachen, diese grauenvolle Stadt, die mir ständig ihren Atem in den Nacken blies, ihren schlechten Atem, ihren faulen Mundgeruch, diese Stadt, die eifrig nach dem Leben trachtete, diese Stadt, die ich nie wieder betreten habe, nie wieder betreten werde. – *Pause* – Wer könnte ich sein, wer könnte ich sein ohne diese Stadt, ohne meine Stadt, ohne meine Heimatstadt. – *Pause* – Und ich weiß, daß ich bin, daß ich ich bin, ich, als ob das von Bedeutung wäre, von Belang, was ist schon von Bedeutung, was ist schon von Belang, worauf kommts an, worauf kommts an im Leben, worauf kommts wirklich an, worauf nicht, der zu sein, der zu sein, der man ist, aber wer bin ich, wer bin ich denn, wer war ich, war ich immer der, der ich bin, bin ich noch immer, der, der ich war? Und ich weiß, nichts bleibt als dieser Name, Nezleu, und diese Zahl, achtunddreißig Jahre, diese eine einzige Zahl, die nichts bedeutet, achtunddreißig ist gleichbedeutend mit achtundzwanzig, achtundzwanzig gleichbedeutend mit achtzehn, achtzehn gleichbedeutend mit achtunddreißig, Zahlen sagen nichts, Zahlen haben keinen Inhalt, Zahlen sind Zahlen, nackt und leer, Zahlen kennzeichnen. – *Pause* – Und ich ahne, daß achtzehn etwas anderes kennzeichnet als achtundzwanzig, achtundzwanzig etwas anderes als achtunddreißig, aber was, was kennzeichnet achtzehn anderes als achtundzwanzig, achtundzwanzig anderes als achtunddreißig, achtundzwanzig, achtunddreißig, achtunddreißig, acht undzwanzig, acht und acht, was, was, was, wer bin ich, wer war ich, wer könnte ich sein, ich könnte jeder sein, wer bin ich, wer war ich, wer werde ich sein, warum werde ich sein, wo werde ich sein, sicher nicht in dieser Stadt, dieser lausigen Stadt, ich werde sicher nicht in dieser lausigen Stadt sein, dieser lausigen und aufgeblasenen Stadt, ganz bestimmt nicht in dieser Stadt, dieser Stadt, dieser Stadt, diese Stadt ist nichts wert, gar nichts, diese Stadt ist verkommen, diese Stadt ist verdorben, diese Stadt ist verkommen und verdorben, diese Stadt ist verkommen, verdorben und verlogen, diese Stadt ist verkommen verdorben verlogen und ohne jede Existenzberechtigung. – *Pause* – Diese Stadt fällt durch nichts auf als durch ihr Dasein, ihr schieres Dasein, ihr schieres unerhörtes Dasein, ihr unerhörtes völlig überflüssiges Dasein, diese Stadt ist widerwärtig, diese Stadt ist aufdringlich, diese Stadt stinkt zum Himmel, die ganze Stadt stinkt zum Himmel, stinkt nach Fäulnis, stinkt nach Verwesung, nach Leichenmoder, diese Stadt stinkt und stinkt und stinkt. Und ich behaupte, diese Stadt ist ein Nichts, ein nichtssagendes Nichts, diese Stadt gibt sich einen Anschein, diese Stadt scheint, diese Stadt scheint wie ein Etwas und ist nur ein Nichts, ein unnützes Nichts, diese Stadt war nie etwas. Diese Stadt mußte sich hervortun, sich breitmachen, Platz greifen, verdrängen, diese Stadt war stark, ist stark, diese Stadt hat den Raum genommen, den sie brauchte, diese Stadt hat mehr Raum genommen als sie brauchte, diese Stadt ist Abfall, Unrat, Müll, ein zufällig hingerotzter Haufen Schleim, Auswurf eines Todkranken, ein breitgetretener Haufen Schleim, der nie weggekehrt wurde, diese Stadt ist vollkommen überflüssig. Es gab keinen Grund, in der Stadt zu bleiben, keinen Grund. Ich hatte nur noch diesen einen Gedanken: weg, weg aus dieser Stadt, nichts wie weg.

– Pause –

DER ÄLTERE *– leise –* Mann, was redest Du nur für einen Schwachsinn

DER JÜNGERE Hast Du mir ... hast Du mir etwa zugehört?

DER ÄLTERE Das ließ sich nun mal nicht vermeiden, bei der Lautstärke, in der Du hier herumbrüllst.

DER JÜNGERE Du hinterhältiger Hund, Du hinterhältiger. *– Pause–* Hast mir heimlich zugehört. Und ich dachte, Du schläfst.

DER ÄLTERE Hab ich auch gewollt, aber so, wie Du hier herumkrakeelst, kriegt man ja kein Auge zu.

DER JÜNGERE Du hinterhältige Sau. Gibst vor zu schlafen und lauschst heimlich. *– Pause –* Was bist Du nur für ein hinterhältiges Stück Dreck.

DER ÄLTERE Sei vorsichtig, was Du sagst.

DER JÜNGERE Ich wiederhole: ein hinterhältiges Stück Dreck bist Du.

DER ÄLTERE Vorsicht Kamerad. Beschimpfen lasse ich mich hier nicht. Nicht von Dir.

DER JÜNGERE Ein hinterhältiges Stück Dreck, sage ich.

DER ÄLTERE Und ich sage, ich lasse mich nicht beschimpfen. – *setzt sich* – Nicht von so einem hergelaufenen Nichtsnutz wie Du einer bist.

DER JÜNGERE Hergelaufener Nichtsnutz? Sagtest Du hergelaufener Nichtsnutz?

DER ÄLTERE Ich sagte hergelaufener Nichtsnutz, ganz richtig. Und falls Du es noch mal hören willst: Nichtsnutz. Nichtsnutz. Nichtsnutz. – *Pause* – Nichtsnutz Nezleu. – *steht auf* –

DER JÜNGERE Halt Dein Maul! Was bist Du denn, Du hinterhältiges Stück Dreck? Woher kommst Du denn gelaufen? – *Pause* – Na, spucks aus. Was bist Du denn für einer? – *Pause* – Na, fällt Dir nichts ein? Fehlen Dir die Worte? Na komm schon, spucks aus, nenn Roß und Reiter. Wer bist Du? Woher kommst Du? Was kannst Du? – *Pause* – Kannst Du überhaupt was anderes als hier in der Gegend herumzustehen und andere Leute auszufragen? Kannst Du etwa mehr? Dann sags. – *Pause* – Sag es, hier und jetzt.

DER ÄLTERE Schluß jetzt.

DER JÜNGERE Sag, was Sache ist.

DER ÄLTERE Schluß jetzt.

DER JÜNGERE Erst sagst Du, was Sache ist.

DER ÄLTERE – *geht auf den Jüngeren zu* – Du Jammerlappen willst mir dumm kommen? Du? Wer bist denn Du, daß Du Forderungen stellen kannst? Als ob ich auf so einen wie Dich gewartet hätte. Lungerst da nur rum, willst nichts sagen, weißt nicht, wer Du bist, woher Du kommst, hast keine Heimat, kein Zuhause, weißt nicht wohin und kannst nur eines: rumjammern. – *Pause* – Das ist alles, was Du kannst, rumjammern, nur rumjammern kannst Du. – *Pause* – Hast Du auch nur schon ein vernünftiges Wort gesagt? – *Pause* – Und sowas will mir dumm kommen. – *setzt sich wieder* –

– Pause –

DER JÜNGERE Wie spät ist es?

DER ÄLTERE Weiß nicht.

DER JÜNGERE Gibts hier denn keine Uhr?

DER ÄLTERE Nein. Eine Uhr gibt es hier nicht.

DER JÜNGERE Himmel, ich brauch eine Uhr. Eine Uhr! Ich muß wissen, wie spät es ist.

DER ÄLTERE Wozu? Wir haben Zeit.

DER JÜNGERE Im Gegenteil.

DER ÄLTERE Wir haben Zeit.

DER JÜNGERE Wir vertun unsere Zeit.

DER ÄLTERE Na klar. Man vertut immer seine Zeit. Was immer man tut, man vertut seine Zeit.

DER JÜNGERE Wir vertun unsere Zeit mit blödem Gelaber.

DER ÄLTERE Na, wenn schon. Wir haben Zeit. Wir haben jede Menge Zeit. Wir haben jede Zeit der Welt. – *Pause* – Von uns will niemand etwas. Wir wollen von niemandem etwas. Was wir tun, tun wir allein. Egal wo die Zeiger der Uhr stehen. Niemand treibt uns.

DER JÜNGERE Ich muß weiter.

DER ÄLTERE Weiter? Wohin denn?

DER JÜNGERE Weiter.

DER ÄLTERE Weiter? Warum willst Du weiter?

DER JÜNGERE Ich will woanders hin.

DER ÄLTERE Woanders hin? Meinst Du, daß es Dir woanders anders ergeht? – *Pause* – Du irrst Dich, wenn Du das glaubst. Es ändert sich nichts. Du bist zwar woanders, aber sonst bleibt alles gleich.

DER JÜNGERE Woher willst denn Du das wissen? Wer bist Du, daß Du das zu glauben weißt? Wer bist Du, daß Du Dir herausnimmst, so mit mir zu reden?

DER ÄLTERE Wer ich bin, tut gar nichts zur Sache. Ich zähle nicht.

DER JÜNGERE Aha, Du zählst also nicht. Gibst mir kluge Ratschläge, aber Du zählst nicht. Was soll das nun schon wieder? – *Pause* – Ich gehe. – *will gehen* –

DER ÄLTERE – *monologisierend* – Mein Leben ist vertan, gründlich vertan, ich bin das, was man gemeinhin einen Gestrauchelten nennt, einen Gescheiterten, eine verkorkste Existenz. – *Pause* – Ich habe es nicht verstanden, Ordnung in mein Leben zu bringen, es zu formen, ich lebe vielmehr vor mich hin, in den Tag hinein, vom Tag und für den Tag. Mich interessiert nicht die Vergangenheit, mich interessiert nicht die Zukunft, mich interessiert das Jetzt. Wenn mich überhaupt etwas interessiert. – *Pause* – Wahrscheinlich interessiert mich nicht einmal mehr das Jetzt, wahrscheinlich interessiert mich gar nichts. Am wenigsten noch mein Leben. – *Pause* – Es ist wahr, ich glaube an nichts, das ist vermutlich der beste Zug an mir. – *Pause* – Mein Leben ist verpfuscht, ich habe es nicht verstanden, einen Plan für mein Leben zu entwerfen und nach diesem Plan zu leben. Leben nach einem Plan wäre für mich kein Leben. Leben nach einem Plan ist Arbeiten, jahrelanges Abarbeiten nach einer Richtschnur, aber kein Leben. – *Pause* – Was ist überhaupt Leben, ich weiß es nicht, will es auch gar nicht wissen und habe mich stets gehütet, mir diese Frage zu stellen. Ich bezweifele, ob es je etwas geändert hätte, wenn ich mir diese Frage gestellt hätte, wenn ich mich gefragt hätte, was Leben heißt, was Leben für mich heißt, für mich heißen soll. – *Pause* – Im Grunde genommen ist diese Frage der Beginn eines Plans oder der Ausgangspunkt oder die Vorstufe. Wie immer man will. Jedenfalls führt diese Frage, einmal gestellt, un weigerlich zu einem Plan, muß sie führen, sonst wäre sie sinnlos.

DER JÜNGERE – *inzwischen langsam wieder zurückgekehrt, mehr zu sich selbst* – Wovon redet der?

DER ÄLTERE – *fortfahrend* – Bist Du noch da? Ja, Du bist noch da. – *Pause* – Ich habe mich einmal als Manager versucht. Verstehst Du? Als Manager. Weißt Du, was ein Manager ist? Weißt Du das? Managen heißt, andere dazu zu bringen, etwas für Dich zu tun und Ihnen den Glauben geben, sie täten es für sich. Aber ich kann das nicht. Ich kann nur mich bewegen, etwas zu tun. Was andere tun, interessiert mich nicht, und andere nach einem abstrakten Ziel schuften zu lassen, ist meine Sache nicht. Mein Leben ist verkorkst, mir bleibt im Grunde nur der Griff zur Pistole, zum Revolver oder zur Schlinge am Dachbalken. Aber derartiger Größenwahn ist meine Sache auch nicht, dafür sehe ich keinerlei Berechtigung. Dafür fehlt mir jedes Verständnis, erst recht der Mut, den er erforderte und den ich nicht habe. – *Pause* – Wenn ich ehrlich bin, müßte man das Leben schon lieben, um die Entscheidung zu treffen, aus dem Leben zu weichen oder vielmehr, man müßte das Leben lieben können, zumindest aber einmal geliebt haben. Das aber ist bei mir nicht der Fall oder noch nicht. – *Pause* – Immer öfter aber habe ich das Gefühl, etwas versäumt zu haben, immer öfter bilde ich mir ein, das Leben sei an mir vorbeigelaufen. Jedenfalls mache ich die Erfahrung, daß immer öfter Szenen der Vergangenheit in mein Leben treten, Begebenheiten aus meiner Jugend, Begebenheiten aus weit ent fernten Jahren. – *Pause* – Und sie erscheinen mir in einer Intensität, als seien sie gerade eben passiert. Als lebte ich unmittelbar in ihnen. Als hätte ich in all den Jahren dazwischen nicht gelebt. Vergangenheit und Gegenwart mischen sich, werden eins, fügen sich zu einem wirren Ganzen, einem höchst widersprüchlichen Ganzen, das selbst, so will mir scheinen, nur Bruchstück eines viel weiter entfernten übergeordneten Ganzen ist, und mir will auch scheinen, als griffen die Szenen der Vergangenheit immer stärker auf mich über. Beherrschten mich. – *Pause* – Mir will scheinen, als definierte ich mich mehr und mehr aus der Vergangenheit. Ich räume ein, daß ich für diese Erscheinung keinerlei Erklärung habe. Und selbst wenn ich eine hätte, bezweifelte ich, daß sie mir in irgendeiner Weise nützte. Erklärungen erklären, ändern aber nichts. Deshalb lege ich auch gar keinen Wert auf eine Erklärung. Ich brauche keine Erklärung, mir reicht die Beobachtung. Die Feststellung, daß mit mir etwas geschieht. Das ist das Elementare, daß ich mich dieser Erscheinung nicht entziehen kann, daß sie geschieht, über mich kommt, daß ich sie willentlich nicht beeinflussen kann, daß ich sie geschehen lassen, über mich kommen lassen muß. So wie ich meinen Atem über mich kommen lassen muß. Daß meine Gedanken und nichts auf der Welt mich veranlassen können, mich dagegen zu stemmen.

– *Pause* –

DER JÜNGERE – *zu sich* – Was faselt der da nur?

DER ÄLTERE Es ist schön hier auf der Bank. – *Pause* – Ich genieße die laue Wärme der tiefstehenden Sonne, deren Strahlen mich liebevoll umtanzen. Es ist einer jener späten Oktobertage, die ich so sehr schätze. Die Luft ist klar und schneidend, der Himmel hell und klar, und die Bäume schütteln ihre letzten Blätter ab. Ich genieße den Augenblick, aber im Grunde genommen lebe ich nicht. Ich genieße den Augenblick wie ich viele derartige Augenblicke zuvor genossen habe, auf einer ähnlichen Bank bei ähnlichem Licht. – *Pause* – Ich lebe nicht, ich lebe gelebtes Leben. Ich lebe nur eine Wiederholung dessen, was ich so oder in ähnlicher Weise zuvor in zahlreichen Augenblicken gelebt und genossen habe. Mit zunehmenden Alter, so will mir scheinen, verkommt Leben zu gelebtem Leben. – *Pause* – Ich lockere meinen Schal und öffne den Mantel ein wenig. – *Pause* – Auch das nur eine Geste, die ich mechanisch erledige, an die ich keinen Gedanken verschwende, nicht nachdenke, die des Nachdenkens nicht wert ist. – *Pause* – Aber sollte ich je darüber nachdenken, sollte ich je die Gelegenheit dazu finden wie jetzt etwa auf der Bank, dann kämen mir all die Situationen der Vergangenheit in Erinnerung, in der ich meinen Schal auf die gleiche Weise wie eben lockerte, den Mantel auf genau dieselbe Weise wie eben öffnete, und ich würde über die Menge der Situationen, die sich ähnelten oder gar gleichten, vor Schreck erbleichen, so eine unvorstellbare Menge wäre es. – *Pause* – Und der Schreck würde größer werden, viel größer, wenn ich weiter nachdächte. – *Pause* – Denn dann würde mir auch der Mantel vorkommen wie einer, den ich schon einmal be sessen habe, und auch der Schal würde mir vorkommen wie einer, den ich mir schon früher einmal, zweimal, dreimal, wievielmal umgeschlungen habe, und selbst die Angewohnheit, an frischen Oktobertagen nicht ohne Schal und Mantel das Haus zu verlassen, würde mir vorkommen wie eine Angewohnheit, die ich schon seit vielen Jahren mit mir herumschleppe. – *Pause* – Manchmal denke ich, es wäre besser, nicht geboren worden zu sein. Im Ernst. Das denke ich. Manchmal wiederum denke ich, daß das ein törichter Gedanke ist. Denn im Grunde genommen fehlt mir ja jeder Vergleichsmaßstab. Da ich nun einmal geboren worden bin, kann ich ja unmöglich beurteilen, wie es wäre, nicht geboren worden zu sein. Und die Natur erlaubt es nun mal nicht, daß ich wahlweise von dem einen zum anderen Zustand wechsele. Und trotzdem, obwohl ich dies alles weiß, denke ich manchmal, daß es besser gewesen wäre, nicht geboren worden zu sein. Manchmal denke ich auch, daß ich zuviel denke. Ich weiß auch nicht. – *Pause* – Manchmal denke ich, daß man nicht umhinkommt, gründlich nachzudenken. Schließlich, denke ich, ist dies der unschätzbare Vorteil der Spezies Mensch gegenüber der Kreatur. Und manchmal denke ich wieder, das Leben wäre einfach und sorglos, wenn man nicht so viel denken würde. – *Pause* – Älterwerden ist eine spannende Sache. Man ist vor Überraschungen nicht sicher. Ich beispielsweise erinnere mich, je älter ich werde, immer mehr an meine Kindheit. Ereignisse, die ich längst vergangen glaubte, sind plötzlich wieder gegenwärtig. Ich weiß nicht, ob das alles mit dem Älterwerden zusammenhängt oder ob es ein ganz normaler Entwicklungsprozeß ist. Ich habe versucht, darüber nachzudenken, bin aber zu keinem Ergebnis gelangt. Was heißt schon normaler Entwicklungsprozeß? Was ist schon normal? Wenn man so will, ist Älterwerden auch ein ganz normaler Entwicklungsprozeß. Und irgendwie muß es doch mit dem Alter zu tun haben. Wie gesagt, ich bin mir nicht ganz sicher und denke, offengestanden, nun auch nicht länger drüber nach. Ich nehme es, wie es kommt. Und damit ist die Angelegenheit für mich erledigt. – *Pause* – Ich mache es mir zu einfach? – *Schaut auf den Jüngeren* – Meinetwegen kannst Du diese Meinung haben. Es macht mir nichts aus, wenn Du so von mir denkst. Ich habe meine Erfahrungen. Und die sagen mir, daß es unnütz ist, ändern zu wollen, was nicht zu ändern ist. Das wäre reine Kraftverschwendung, für die das Leben zu kurz ist, viel zu kurz. Aber ich will nicht Philosophieren. Das ist nicht mein Metier. Nur manchmal komme ich ins Grübeln. Es kommt einfach so über mich. Ich kann da nichts dran ändern. Und will es auch nicht. Jedenfalls kennst Du jetzt meine Einstellung. – *Pause* – Wir waren beim Älterwerden, nicht wahr? Ja, das ist eine spannende Angelegenheit. Wenn man bewußt älter wird. – *Pause* – Eines Tages, eines Tages werde ich alle meine Gedanken zu Papier bringen. Wirklich, Du kannst Dich drauf verlassen. Eines Tages werde ich alle meine Gedanken zu Papier bringen. – *Pause* – Eines Tages schreibe ich alles auf.

DER JÜNGERE – *händeringend zu sich* – Was ist das nur für ein aufgeblasener Sack? Was ist das nur für ein aufgeblasener alter Sack! Das ist ja unerträglich. – *laut zum Älteren* – Du bist unerträglich!

3

Bahnhof, ein paar Gleise, Mauer, Bank, Laterne
Der Ältere und der Jüngere auf der Bank, der Fremde
an der Laterne

DER ÄLTERE Kuck mal, noch einer.

DER JÜNGERE Noch einer?

DER ÄLTERE Da.

DER JÜNGERE He Du!

DER ÄLTERE Antwortet nicht.

DER JÜNGERE Hat uns wahrscheinlich noch gar nicht bemerkt.

DER ÄLTERE He Du!

DER JÜNGERE Antwortet nicht.

DER ÄLTERE Seltsamer Knabe. Was macht der da?

DER JÜNGERE Steht da rum.

DER ÄLTERE Einfach so.

DER JÜNGERE Belästigt uns.

DER ÄLTERE Rückt uns auf die Pelle.

DER JÜNGERE Wirkt unheimlich.

DER ÄLTERE Richtig bedrohlich.

DER JÜNGERE Wir sollten besser was unternehmen.

– Pause –

DER ÄLTERE Was kann der von uns wollen?

DER JÜNGERE Weiß nicht.

DER ÄLTERE Was führt der im Schilde?

DER JÜNGERE Meinst Du, der hat was vor?

DER ÄLTERE Was denn sonst?

DER JÜNGERE Vielleicht steht er einfach nur so da.

DER ÄLTERE Einfach so?

DER JÜNGERE Vielleicht.

DER ÄLTERE Der doch nicht.

– Pause –

DER JÜNGERE Vielleicht will der mit uns reden.

DER ÄLTERE Mit uns? Wozu sollte der mit uns reden wollen?

DER JÜNGERE Weiß nicht.

DER ÄLTERE Willst Du mit ihm reden?

DER JÜNGERE Eigentlich nicht.

DER ÄLTERE Ich auch nicht.

DER JÜNGERE Der auch nicht.

DER ÄLTERE Der sagt überhaupt keinen Mucks. Der steht da nur.

DER JÜNGERE Was machen wir?

DER ÄLTERE Nichts.

DER JÜNGERE Nichts?

DER ÄLTERE Was sollen wir schon machen?

DER JÜNGERE Na hör mal! Der kann doch da nicht einfach stehen.

DER ÄLTERE Nein? Kann er nicht?

DER JÜNGERE Der muß doch weg.

DER ÄLTERE Der muß weg?

– Pause –

DER ÄLTERE Hast ne Idee?

DER JÜNGERE Was fürne Idee?

DER ÄLTERE Na zu dem da.

DER JÜNGERE Nein. Du?

DER ÄLTERE Nein. Vielleicht sollten wir ihn mal ansprechen.

DER JÜNGERE Der hört doch nicht.

DER ÄLTERE Vielleicht sollten wir zu ihm gehen.

DER JÜNGERE Der sieht doch nichts.

DER ÄLTERE Warum stört er dann?

DER JÜNGERE Tut er das?

DER ÄLTERE Na hör mal! Hast Du nicht gesagt, der muß weg. Das hast Du doch gesagt. Du hast gesagt, der muß weg.

DER JÜNGERE Hab ich das?

– *Pause* –

DER ÄLTERE Er ist weg.

DER JÜNGERE Na also.

DER ÄLTERE Er ist wirklich weg.

DER JÜNGERE Ja, er ist nicht mehr da.

DER ÄLTERE Verschwunden.

DER JÜNGERE Lautlos wie er gekommen ist.

DER ÄLTERE Plötzlich war er da. Und genauso plötzlich ist er wieder weg.

DER JÜNGERE Wir sind wieder frei.

DER ÄLTERE Wir brauchen uns keine Sorgen mehr zu machen.

DER JÜNGERE Wir werden nicht mehr bedroht.

DER ÄLTERE Wir sind wieder unter uns.

DER JÜNGERE Allein.

DER ÄLTERE Endlich wieder allein.

– Pause –

DER JÜNGERE Was meinst, warum der gegangen ist?

DER ÄLTERE Keine Ahnung.

DER JÜNGERE Ob er uns gehört hat?

DER ÄLTERE Glaub ich nicht.

DER JÜNGERE Ob er vielleicht gehört hat, daß wir ihn weghaben wollten?

DER ÄLTERE Glaub ich nicht.

DER JÜNGERE Aber warum ist er dann gegangen?

DER ÄLTERE Ist doch egal. Hauptsache, wir sind nun wieder allein.

DER JÜNGERE Aber wissen tät ichs schon gern.

DER ÄLTERE Was solls. Als er da war, wars Dir nicht
Recht. Jetzt, wo er weg ist, ists Dir auch nicht
Recht.
– *Pause* –

DER JÜNGERE Das Schlimme ist, daß man nichts weiß.

DER ÄLTERE Was willst Du denn wissen?

DER JÜNGERE Er kommt plötzlich. Und er geht plötzlich. Und niemand weiß, warum.

DER ÄLTERE Er wirds schon wissen.

DER JÜNGERE Aber wir nicht.

DER ÄLTERE Was macht das schon?

DER JÜNGERE Woher ist er gekommen?

DER ÄLTERE Was kümmerts Dich?

DER JÜNGERE Wohin ist er gegangen?

DER ÄLTERE Ist doch egal.

DER JÜNGERE Es macht mich krank, es nicht zu wissen.

DER ÄLTERE Man muß doch nicht alles wissen.

– *Pause* –

DER ÄLTERE Beruhige Dich.

DER JÜNGERE Kann ich nicht.

DER ÄLTERE Mein Gott, was hast Du denn davon, wenn Du weißt, wer er war, woher er kam, wohin er ging.

DER JÜNGERE Ich muß es wissen.

DER ÄLTERE Ob er nun von da nach hier ging oder von hier nach dort, ist doch völlig belanglos.

DER JÜNGERE Das ist ein Unterschied.

DER ÄLTERE – *gereizt* – Ja, das ist ein Unterschied, ein klitzekleiner. – *verächtlich* – Für den Fortbestand der Welt hat er nicht die geringste Bedeutung.

DER JÜNGERE Wir wissen nicht, wer er war.

DER ÄLTERE Je weniger man weiß, desto besser.

– Pause –

DER JÜNGERE Aber man muß doch wissen, was um einen herum geschieht.

DER ÄLTERE Warum?

DER JÜNGERE Vielleicht wollte er uns töten?

DER ÄLTERE Warum sollte er?

– Pause –

DER ÄLTERE Was redest Du denn da?

DER JÜNGERE Hab ich geredet?

DER ÄLTERE Ja.

DER JÜNGERE Was hab ich geredet?

DER ÄLTERE Ich weiß nicht. Ich hab nichts kapiert. Du hast geredet, und ich hab nichts kapiert.

DER JÜNGERE Vergiß es.

DER ÄLTERE Hab eh nichts kapiert.

– *Pause* –

DER JÜNGERE Da ist er wieder.

DER ÄLTERE Wo?

DER JÜNGERE Na, da!

DER ÄLTERE Ja, und?

DER JÜNGERE Er ist wieder da.

DER ÄLTERE Schön, er ist wieder da.

DER JÜNGERE Er kommt auf uns zu.

DER ÄLTERE Schön, er kommt auf uns zu.

DER JÜNGERE Sieh doch, er kommt direkt auf uns zu. Er kommt immer näher, bald ist er bei uns.

DER ÄLTERE Schön, bald ist er bei uns.

DER JÜNGERE Das darf er nicht. Er darf nicht näher kommen. Ich will das nicht.

DER ÄLTERE Wieso nicht? Macht er Dir Angst?

DER JÜNGERE Macht er Dir etwa keine Angst?

DER ÄLTERE Warum sollte er mir Angst machen?

DER JÜNGERE Weil wir nicht wissen, was er vorhat.

DER ÄLTERE Dann fragen wir ihn eben. Dann wissen wir es. Wenn wir ihn fragen, werden wir wissen, was er vorhat.

DER JÜNGERE Er kommt näher! Unternimm doch was! Er darf nicht näherkommen.

DER ÄLTERE Er darf nicht näherkommen?

DER JÜNGERE Nein, darf er nicht. Halt ihn auf. Scheuch ihn weg.

DER ÄLTERE Wegscheuchen?

DER JÜNGERE Ja, vertreib ihn. Vertreib ihn doch endlich! Gleich ist er da. Oh, mein Gott, gleich ist er da.

– Pause –

DER FREMDE Wer seid ihr? Was macht ihr da?

DER ÄLTERE Wir ...

DER FREMDE Wieso sitzt ihr da auf dieser Bank? Wieso steht diese Bank da?

DER ÄLTERE Zum Ausruhen.

DER FREMDE Quatsch. Die Bank ist nicht zum Ausruhen da. Sie steht mitten auf dem Weg.

DER ÄLTERE Mitten auf dem Weg?

DER JÜNGERE Wo ist denn hier ein Weg?

DER FREMDE Der Weg kommt von da und geht nach dort. – *zeigt die Richtung an* –

DER ÄLTERE Ich seh keinen Weg.

DER JÜNGERE Ich seh auch keinen Weg.

DER FREMDE Die Bank steht mitten auf dem Weg. Sie war noch nie da. Ich muß es wissen. Solange ich hier vorüberkam, ist da noch nie eine Bank gewesen.

DER ÄLTERE Immer wenn Du hier vorüberkamst?

DER JÜNGERE Wer bist Du?

DER FREMDE Wer seid ihr?

– Pause –

DER FREMDE Nehmt diese Bank da weg!

DER ÄLTERE Warum?

DER JÜNGERE Ja, warum. Warum sollen wir die Bank da wegnehmen?

DER FREMDE Sie steht im Weg.

DER ÄLTERE Wir haben sie da nicht hingestellt.

DER JÜNGERE Nein, sie stand schon da, als wir kamen.

DER FREMDE Das besagt gar nichts. Jetzt steht sie im Weg. Nehmt sie weg.

DER ÄLTERE Wer bist Du, daß Du uns befehlen kannst?

DER JÜNGERE Ja, wer bist Du?

DER FREMDE Hört zu, ich habe einen Auftrag zu erledigen ...

DER ÄLTERE – *beeindruckt* – Einen Auftrag! – *zum Jüngeren* – Er hat einen Auftrag zu erledigen.

DER JÜNGERE Ja, also wenn er einen Auftrag zu erledigen hat ...

DER FREMDE Ich komme von dort und muß nach da. Dies ist der Weg. Und die Bank steht im Weg. Also muß sie weg. Klar?

DER ÄLTERE Wenn sie Dir im Weg steht, dann stell sie doch weg.

DER JÜNGERE Ja, stell sie doch weg.

DER ÄLTERE Wir haben nichts dagegen, wenn Du sie wegstellen willst.

DER JÜNGERE Ja, Du kannst die Bank gern wegstellen, uns ist egal, wo sie steht.

DER ÄLTERE Uns steht sie nicht im Weg.

DER JÜNGERE Nein, uns steht sie nicht im Weg, sondern Dir.

DER ÄLTERE Dir steht sie im Weg, also stellst Du sie auch weg, wenn Du sie weghaben willst.

DER FREMDE – *zornig* – Stellt sie weg, verstanden? Ihr stellt sofort diese Bank weg. Ich sage nicht alles zwei- oder dreimal.

DER ÄLTERE Ob Du es zweimal sagst oder dreimal oder hundertmal. Was sollte das ändern?

DER JÜNGERE Ja, was sollte das ändern? Deswegen stellen wir die Bank nicht weg.

DER FREMDE Ihr tut gefälligst, was ich sage!

DER ÄLTERE Wir denken nicht daran.

DER JÜNGERE Nein, wir denken nicht daran. Geh doch um die Bank herum. Es ist jede Menge Platz.

DER FREMDE Ich geh immer den direkten Weg.

DER ÄLTERE Dann tu es!

DER JÜNGERE Ja, tu es, geh den direkten Weg.

DER FREMDE Zum letzten Mal, stellt die Bank weg.

DER ÄLTERE Hör mal, der Ton, den Du da anschlägst, der paßt uns nicht.

DER JÜNGERE Nein, den mögen wir ganz und gar nicht.

DER ÄLTERE Es gibt keinen Grund, uns anzuschreien. Wir haben Dir nichts getan. Wir sitzen hier friedlich auf der Bank und ruhen uns aus.

DER JÜNGERE Genau, wir sitzen hier nur friedlich auf der Bank.

DER ÄLTERE Du kannst die Bank gern wegstellen, wenn sie Dich stört.

DER JÜNGERE Ja, Du kannst sie gern wegstellen. Wir haben nichts dagegen.

DER ÄLTERE Uns jedenfalls stört die Bank nicht. Deswegen stellen wir sie auch nicht weg.

DER JÜNGERE Nein, wir stellen sie nicht weg.

DER ÄLTERE Da kannst Du reden, soviel Du willst.

DER JÜNGERE Ja, deswegen tun wir das noch lange nicht.

DER ÄLTERE Wir sind freie Menschen.

DER JÜNGERE Jawohl, freie Menschen sind wir, wir haben es nicht nötig, zu tun, was andere sagen.

DER FREMDE – *lacht laut und kräftig* – Was ihr nicht sagt! Ihr habt es nicht nötig, zu tun, was ich sage? Habt ihr nicht? Weil ihr freie Menschen seid? Freie Menschen? Daß ich nicht lache! –

lacht wieder laut und kräftig – Soll ich euch mal zeigen, wie frei ihr seid? – *schlägt den Jüngeren mit einem gezielten Faustschlag nieder –*

– Pause –

DER FREMDE – *zum Älteren* – Na, was sagst Du jetzt? Frei wollt ihr sein?

DER ÄLTERE Du beeindruckst mich in keiner Weise.

DER FREMDE – *holt zum Faustschlag aus* – Soll ich Dir auch einen versetzen?

DER ÄLTERE Du beeindruckst mich nicht. Nicht mit Deiner Faust. Du hast einen Fehler gemacht, mach besser keinen zweiten.

DER FREMDE Ich einen Fehler gemacht?

DER ÄLTERE Ja, Du hast den da niedergeschlagen. Na schön, das verstehst Du, andere niederzuschlagen. Das kannst Du. Das habe ich nun gesehen, daß Du das kannst. Aber was hast Du davon? Nützt es Dir was? Die Bank steht noch immer da, wo sie stand.

DER FREMDE – *holt zum Faustschlag aus* – Gleich werd ich Dich auch niederschlagen, wenn Du weiter so frech redest.

DER ÄLTERE Halt ein! Du bist zu schnell. Was hast Du denn davon, auch mich niederzuschlagen? – *Pause* – Wenn Du mich auch niederschlägst, bist Du ganz allein. Und die Bank steht immer noch da, wo sie steht. Mich niederzuschlagen bringt Dir gar nichts. – *Pause* – Und es war auch völlig überflüssig, den da niederzuschlagen. Allein krieg ich die Bank nämlich nicht weg. Die ist viel zu schwer.

– *Pause* –

DER FREMDE – *indem er sich zum Älteren auf die Bank setzt* – Hör mal, Du scheinst ein ziemlich kluges Kerlchen zu sein, was? Wie heißt Du? – *Pause* – Wer bist Du? – *Pause* – Du willst wohl nicht mit mir reden, was? Bist Dir wohl zu fein dazu, was? Magst mich wohl nicht, was?

– *Pause* –

DER ÄLTERE Hör zu, ich mach Dir einen Vorschlag. Du hast gesagt, Du hast einen Auftrag zu erfüllen. Also tu das. Verschwende keine Zeit und erfülle Deinen Auftrag. Und laß mich in Ruhe.

DER FREMDE Wie redest Du denn mit mir? – *besinnt sich* – Es ist richtig, daß ich einen Auftrag zu erledigen habe. Da hast Du ganz Recht. Aber der kann warten. Jetzt will ich mit Dir reden. Also, wer bist Du, woher kommst Du?

DER ÄLTERE Ach, der Auftrag kann warten? Auf einmal? Auf einmal kann der Auftrag warten? – *Pause* – Laß mich in Ruhe, ich bin müde.

DER FREMDE – *wie abwesend* – Weißt Du, ich hab immer hart gearbeitet – *Pause* – Ich hab mir alles selbst erarbeitet – *Pause* – Alles, was ich bin, bin ich durch mich – *Pause* – Verstehst Du das? – *Pause* – Verstehst Du, was es heißt, sich alles selbst zu erarbeiten, sich keiner Hilfe zu bedienen, verstehst Du das? Das ist ein harter mühsamer Weg, ein dorniger Weg, der einen immer wieder verlockt, aufzugeben, hinzuschmeißen, aber ich bin ihn gegangen, ich wollte ihn gehen, ich habe mich gezwungen, eisern gezwungen, verstehst Du, ich wollte mir immer sagen können, daß ich das, was ich bin, einzig durch mich bin, ich wollte mir nie sagen lassen, das, was ich bin, bin ich nur durch die Hilfe anderer geworden, ich wollte nie, daß andere sagen können, was der ist, ist der nur durch mich, ich wollte nicht, daß sich andere damit brüsten, mir geholfen zu haben, daß sie sagen, ohne mich, wär der gar nichts, ein Niemand, verstehst Du das? – *Pause* – Und nun hab ich diesen Auftrag, diesen Auftrag, auf den ich Jahre hingearbeitet habe, Jahre, sage ich Dir, Jahre habe ich darauf hingearbeitet, und nun habe ich diesen Auftrag, endlich habe ich diesen Auftrag, mit dem ich mich, wenn ich ihn bedingungsgemäß erfülle, zur verdienten Ruhe setzen könnte. – *Pause* – Und da stellt ihr mir nun eine Bank in den Weg, ausgerechnet eine Bank.

DER ÄLTERE Wir stellen Dir eine Bank in den Weg? Wir? Sonst gehts Dir aber gut, oder?

DER FREMDE Verstehst Du das denn nicht? Verstehst Du nicht wie wichtig der Auftrag für mich ist?

DER ÄLTERE Nee, versteh ich wirklich nicht. Was geht mich Dein Auftrag an.

DER FREMDE Na, hör mal ...

DER ÄLTERE Junge, es ist Dein Auftrag, und wie Du damit fertig wirst, ist Deine Angelegenheit – *Pause* – Wenn Du Dir alles selbst erarbeitet hast, wie Du sagst, muß es doch ein Leichtes für Dich sein, mit diesem Hindernis fertig zu werden. – *Pause* – Was haben wir damit zu tun?

DER FREMDE Ihr seid mir im Weg. Ihr seid mir mit dieser Bank im Weg.

DER ÄLTERE Dann lamentiere nicht rum, sondern unternimm was.

DER FREMDE Was denn?

DER ÄLTERE Das soll ich Dir sagen? Das soll wirklich ich Dir sagen? Ist das Dein Ernst? Ist das Dein Ernst, daß ich Dir sagen soll, was Du tun sollst? Und Du willst Dir alles selbst erarbeitet haben? Das kann ja wohl nicht viel gewesen sein, wenn Du nicht einmal in der Lage bist, mit einer einfachen Bank, die Dir im Wege steht, fertig zu werden. – *Pause* – Spring doch rüber.

DER FREMDE Ich bin nicht sportlich.

DER ÄLTERE Klettere rüber.

DER FREMDE Ich bin nicht sportlich.

DER ÄLTERE Geh drumrum.

DER FREMDE Das ist zu umständlich.

DER ÄLTERE Schaff die Bank beiseite.

DER FREMDE Das ist zu schwer.

DER ÄLTERE Dann kehr um.

DER FREMDE Und mein Auftrag? Verstehst Du nicht?
Ich hab doch einen Auftrag. Wenn ich umkeh-
re, kann ich ihn nicht erfüllen.

DER ÄLTERE Um Ausreden bist Du wirklich nicht verle-
gen. Wirklich nicht. – *Pause* – Du hast ein Problem, Junge, ein ernsthaftes Problem. – *Pause*
– Und das Problem bist Du. Du ganz allein. –
Pause – Du mußt Dir mal klar darüber werden,
was Du eigentlich willst. Deinen Auftrag erfüllen oder den starken Mann markieren und rum-
kommandieren. – *Pause* – Merkst Du nicht, daß
Du hier nur dummes Zeug redest und dabei
Diene Zeit vergeudest? – *Pause* – Du hättest
schon lange Deinen Weg fortsetzen können,
wenn Du statt zu quatschen gehandelt hättest,
wenn Du statt zu quatschen einfach um die
Bank herumgegangen wärst.

DER FREMDE Das hab ich nicht nötig. – *Pause* – Ich geh
immer den direkten Weg.

DER ÄLTERE Das hat er nicht nötig! – *Pause* – Er geht
immer den direkten Weg! – *Pause* – Das ist
doch nicht zu fassen! – *Pause* – Aber wie Du in
diesem Fall siehst, ist der direkte Weg nicht immer der beste. – *Pause* – Und auch nicht immer
der schnellste. In der Zeit, in der Du hier her-
umgequatscht hast, hättest Du schon hundertmal um die Bank herumgehen und Deinen Weg
fortsetzen können. – *Pause* – Hundertmal!

DER FREMDE Du machst Dir das ziemlich einfach, was?
– *Pause* – So einfach aber kann man es sich
nicht machen. – *Pause* – Das Leben ist nicht so
einfach.

DER ÄLTERE Da sagst Du wirklich mal was Vernünftiges. Das Leben ist ganz bestimmt nicht einfach.
– *Pause* – In der Tat nicht. – *Pause* – Aber man
muß es auch nicht komplizierter machen als es
ist. – *Pause* – Und manchmal ist es sogar einfa-
cher als man glaubt.

– *Pause* –

DER FREMDE Weißt Du, ich komme aus einer Kleinstadt.

DER ÄLTERE Was soll denn das jetzt? – *Pause* – Ich
komme auch aus einer Kleinstadt, na und?

DER FREMDE Na, dann weiß Du ja, wovon ich rede.

DER ÄLTERE Vielleicht. – *Pause* – Vielleicht aber auch
nicht.

DER FREMDE Ich komme aus einer Kleinstadt. – *Pause* –
Weißt Du, was das heißt? Weißt Du, was das
heißt, aus einer Kleinstadt zu kommen? Aus
einer kleinen Stadt? Keiner Großstadt, wo Dich
niemand kennt, wo sich keiner um Dich schert,
sondern aus einer Kleinstadt. Kleiiiiiiiinstadt.
Wo alles sauber ist und ordentlich. Wo das Leben in ordentlichen Bahnen verläuft. Wo Dein
Leben in ordentlichen Bahnen verläuft. Verlau-
fen muß! – *Pause* – Wo Du nicht auf dumme
Gedanken kommst.

DER ÄLTERE Ah, verstehe. Wo auch keine Bank im Weg steht.

DER FREMDE – *unbeirrt fortfahrend* – Weißt Du, was das heißt, aus einer Kleinstadt zu kommen? Jeder kennt Dich. Jeder beobachtet Dich. Jeder weiß alles über Dich, sieht alles, kennt alles. Es gibt nichts, was verborgen bleibt, kein Geheimnis, kein Fluchtpunkt. Nichts. Weißt Du, was das heißt? – *Pause* – Kein Entrinnen gibt es in einer Kleinstadt. Alle sind hinter Dir her, alle verfolgen Dich, mit ihren Augen, mit ihren Gedanken, mit ihren Wünschen. Du hast keine Ruhe. Einfach keine Ruhe.

DER ÄLTERE Ich komme auch aus einer Kleinstadt, ich weiß, was es heißt, in einer Kleinstadt leben zu müssen.

DER FREMDE – *unbeirrt fortfahrend* – Keine Ruhe hast Du. Sie jagen Dich. Sie quälen Dich. Mit ihren Andeutungen, Anspielungen, mit ihrem dröhnenden Gelächter. Denn sie wissen alles. Glauben, alles zu wissen. Und weil sie alles zu wissen glauben, treten sie auf wie der Allmächtige. Wie der Allmächtige selbst treten sie auf, rechthaberich, schneidend, unbeugsam. – *Pause* – In einer Kleinstadt bist Du nie frei. In einer Kleinstadt mußt Du Dich nach ihnen richten. Und wenn Du das nicht tust, vernichten sie Dich. In einer Kleinstadt vernichten sie Dich. Es bleibt Dir nur die Flucht.

DER ÄLTERE Ach was, fliehen ist falsch. Du mußt kämpfen, Dich behaupten. Du mußt dagegenhalten. Dich stellen und dagegenhalten.

DER FREMDE Erdrückt wirst Du. Ganz und gar erdrückt. Zerquetscht. Zertreten.

DER ÄLTERE Nicht, wenn Du dagegenhältst. – *Pause* – Wer sind denn die anderen? Sind die besser als Du? Zählst Du gar nicht?

DER FREMDE Zertreten. Jawohl, zertreten wirst Du.

DER ÄLTERE Du darfst nicht so reden.

DER FREMDE Was darf ich nicht? Nicht so reden darf ich? Soll ich Dir was sagen? Ich darf reden, wie mir zumute ist. Niemand darf mich daran hindern, verstehst Du?

DER ÄLTERE Ja, rede Du nur, aber es ist zu spät dazu. Du hättest früher so reden sollen, mit denen, die Dir so übel mitgespielt haben. Mit denen hättest Du reden müssen. Die in Deiner Kleinstadt hättest Du Dir vornehmen und die Meinung sagen müssen. Mir brauchst Du nichts zu sagen. Ich bin ein alter Mann. Müde. Verbraucht. Ich kann Dir nicht helfen. Ich kann Dich eventuell verstehen, aber ich kann Dir nicht helfen.

– Pause –

DER FREMDE Ja, das stimmt. Ich habe nie meinen Mund aufgerissen. Ich habe die Dinge geschehen lassen, mich ihnen nicht widersetzt, mich ihnen nicht in den Weg gestellt. Ich habe nachgegeben. Ich habe nachgegeben, weil ich glaubte, auf diese Weise ihre Anerkennung zu erlangen. Ich habe geglaubt, daß sie es honorieren, wenn ich nachgebe und ihnen zustimme. Wenn ich mich verleugne. – *Pause* – Aber sie haben es nicht honoriert.

DER ÄLTERE Natürlich nicht. Sie haben gespürt, wie schwach Du bist.

DER FREMDE – *kleinlaut* – Ich bin nicht schwach.

DER ÄLTERE Wärest Du stark, hättest Du Deinen eigenen Standpunkt entwickelt, Deinen eigenen Stil, und hättest ihn verteidigt. – *Pause* – Dann hätte sich das mit der Anerkennung von selbst erledigt. – *Pause* – Wer stark ist, wird anerkannt. Dafür braucht er gar nichts zu tun. Allein seine Stärke reicht. Das ist Grund genug. – *Pause* – Warum ist es Dir denn so wichtig, von anderen anerkannt zu werden?

DER FREMDE Na hör mal, das ist doch wichtig. Anerkennung ist Bestätigung.

DER ÄLTERE Ich sag Dir was, die anderen sind völlig gleichgültig. Wichtig bist Du. Einzig und allein Du. Nicht die anderen müssen Dich anerkennen. Du mußt Dich anerkennen. Du mußt Du selbst sein. Das ist wichtig. – *Pause* – Anerkennung und Bestätigung brauchen nur die, die an sich selbst nicht glauben.

– *Pause* –

DER FREMDE War das alles, was Du zu sagen hattest?

DER ÄLTERE Das war alles.

DER FREMDE Das hättest Du auch sein lassen können. Das war wenig, was Du zu sagen hattest. Verdammt wenig. Das war eigentlich gar nichts. Nichts, was ich nicht längst schon wüßte.

DER ÄLTERE Aha. Wenn Du das alles schon weißt, warum handelst Du dann nicht danach?

DER FREMDE Mach ich das denn nicht? – *auf den Jüngeren zeigend* – Hab ich den nicht etwa niedergeschlagen?

DER ÄLTERE Das war völlig unnötig. Völlig überflüssig. Das hat Dich nicht im geringsten weitergebracht.

DER FREMDE So? Woher willst Du denn das wissen?

DER ÄLTERE Weil die Bank immer noch hier steht, wo sie steht. – *Pause* – Weil Du bisher nichts unternommen hast, sie aus dem Weg zu räumen. – *Pause* – Weil Du Dich nicht um Deinen Auftrag kümmerst. – *Pause* – Weil Du immer noch hier bist und Deine Zeit vertrödelst.

– *Pause* –

DER FREMDE Fertig? Oder noch was?

DER ÄLTERE Weil Du nur rumjammerst. – *auf den Jüngeren deutend* – So wie der da. Der kann auch nicht mehr als rumjammern.

DER FREMDE Ich jammere rum? Ich? So wie der da?

DER ÄLTERE Ja, Du jammerst in einem fort. Über die Bank, die Dir angeblich im Weg steht, über den Auftrag, den Du nun nicht erfüllen kannst, über die Kleinstadt, aus der Du kommst und die Dich fertig gemacht hat.

DER FREMDE Noch was?

DER ÄLTERE Nein. Das reicht ja wohl auch. – *Pause* – Oder reicht es Dir etwa noch nicht?

DER FREMDE – *auf den Jüngeren deutend* – Was willst Du, ich hab mich doch durchgesetzt.

DER ÄLTERE Mit Gewalt. Das ist nicht überzeugend. Gewalt ist nie überzeugend.

DER FREMDE Na schön, ich kann halt nicht anders. – *Pause* – Nimm zur Kenntnis, daß ich mich nur mit Gewalt wehren kann. – *Pause* – Und wehren muß ich mich. Ich bin all die Demütigungen leid. – *Pause* – Deshalb fackel ich nicht mehr lange. – *Pause* – Ich schlag zu. Peng.

– *Pause* –

DER ÄLTERE Ich verstehe Dich nicht.

DER FREMDE Ich mich auch nicht.

– *Pause* –

DER ÄLTERE Du bistn ziemlich armer Hund.

DER FREMDE Ich weiß.

– Pause –

DER ÄLTERE *– schreit –* Ich weiß, ich weiß. Mein Gott, Du weißt alles und ziehst keinen Nutzen daraus.

DER FREMDE Ich weiß.

– Pause –

DER ÄLTERE Was bist Du nur für ein Mensch?

DER FREMDE Das frag ich mich auch. *– Pause –* Das frag ich mich schon lange. Schon lange frag ich mich das, sag ich Dir.

DER ÄLTERE Schätze, Du hast keine Antwort drauf.

DER FREMDE Schätze, Du hast Recht. Nein, ich hab keine Antwort. *– Pause –* Ich frag mich manchmal, ob ich überhaupt ein Mensch bin. Was ist ein Mensch? Wie ist ein Mensch? Irgendwie hab ich das Gefühl, ich gehöre nicht zu den Menschen, ich passe nicht zu den Menschen. *– Pause –* Natürlich, ich hab zwei Arme, zwei Beine, einen Körper, einen Kopf, sehe aus wie ein Mensch, handle wie ein Mensch, spreche wie ein Mensch, und doch habe ich Zweifel an meinem Menschsein. *– Pause –* Was ist ein Mensch? *– Pause –* Sag, was ist ein Mensch? *– Pause –* Weißt Du, was ein Mensch ist?

DER ÄLTERE Frag mich doch nicht sowas.

DER FREMDE Sag, was ist ein Mensch?

DER ÄLTERE Hör auf! Hör mit dieser albernen Fragerei auf.

DER FREMDE Ein Mensch ist ein Mensch, oder? Hab ich nicht Recht? Ist ein Mensch nicht ein Mensch? Komm, sag was, ist ein Mensch ein Mensch, oder was? – *Pause* – Jeder Mensch ist ein Mensch, ein eigener Mensch. Kein Mensch ist wie ein anderer Mensch. Und doch sind alle Menschen.

DER ÄLTERE Hör auf, hör auf.

DER FREMDE Es gibt nicht den Menschen, es gibt nicht die Menschen. Jeder ist so, wie er ist.

DER ÄLTERE Wenn Du es sagst.

DER FREMDE Und jeder darf so sein, wie er ist.

DER ÄLTERE Wenn Du es sagst.

DER FREMDE Und deswegen kann ich schlagen, wen ich will, verstanden? – *jedes Wort betonend* – Wen – ich – will –. Da muß ich niemanden fragen.

DER ÄLTERE Schlagen ist Schwäche.

DER FREMDE Schwäche?

DER ÄLTERE Überzeugen ist Stärke.

DER FREMDE – *auf den Jüngeren deutend* – War das etwa nicht überzeugend, daß ich den da niedergeschlagen hab, als er mir dumm kommen wollte.

DER ÄLTERE Erstens ist er Dir nicht dumm gekommen und ...

DER FREMDE ... und zweitens?

DER ÄLTERE Und zweitens war es nicht überzeugend. – *Pause* – Wen hast Du denn überzeugen wollen? Und wovon?

DER FREMDE Nicht überzeugend? – *zieht ein Messer, richtet die Klinge auf den Älteren* – Überzeugt Dich das vielleicht?

DER ÄLTERE – *erschrocken* – Hehe!

DER FREMDE Das staunst Du, was? Da schluckst Du, was? Da wird Dir ganz anders, wie? Na, sag schon, überzeugt Dich das, was ich hier in der Hand habe?

DER ÄLTERE Das überzeugt mich nicht. – *Pause* – Ganz und gar nicht.

DER FREMDE Nein?

DER ÄLTERE Nein, das überzeugt mich nicht. – *Pause* – Das bestätigt mir nur, daß Gewalt das einzige ist, wozu Du offensichtlich fähig bist.

DER FREMDE Sieh an, sieh an. Hab ich Dich etwa davon überzeugt, daß ich ein gewalttätiger Mensch bin?

DER ÄLTERE Das hast Du, das will ich nicht leugnen.

DER FREMDE – *höhnt* – Das will er nicht leugnen! Wie nett! – *Pause* – Soll ich ihn denn auch mal davon überzeugen, was man mit so einem Messer alles anstellen kann?

DER ÄLTERE Sachte Freund, sachte!

DER FREMDE Freund? Geht das nicht ein bißchen zu weit? – *Pause* – Ich könnte Dich jetzt abstechen. Auf der Stelle könnte ich Dich abstechen.

DER ÄLTERE Ja, das könntest Du.

DER FREMDE So, wie ich den da – *zeigt auf den Jüngeren* – niedergeschlagen habe, könnte ich Dich nun abstechen.

DER ÄLTERE Ich hab keine Angst. Vor Dir nicht und vor niemandem sonst. – *Pause* – Du kannst mir keine Angst einflößen. Ich hab mein Leben gelebt.

DER FREMDE Mag sein, aber hast Du auch schon mal über Dein Ende nachgedacht? Hast Du schon mal darüber nachgedacht, wie es ist, zu sterben? Unter welchen Umständen Du sterben möchtest? – *Pause* – Durch ein Messer vielleicht?

DER ÄLTERE Der Tod interessiert mich nicht.

DER FREMDE Tatsächlich?

DER ÄLTERE Ich erwarte nichts mehr. Da ist es leicht, dem Tod ins Auge zu sehen.

DER FREMDE Der Tod mag Dir vielleicht egal sein, aber auch das Sterben? – *Pause* – Ich könnte mir vorstellen, daß es Dir nicht egal ist, wie Du stirbst? – *Pause* – Oder hast Du einen bestimmten Wunsch? Möchtest Du vielleicht durch ein Messer sterben? Jetzt? Hier? Auf der Stelle? Möchtest Du durch dieses Messer sterben? – *Pause* – Und wo soll ich Dir das Messer reinschieben? In den Bauch vielleicht, in den Hals? Oder erst in den Bauch, dann in den Hals?

DER JÜNGERE – *sich langsam erhebend* – Alles klar zur Halse. – *Pause* – Fier auf die Schoten!

DER FREMDE – *verwirrt* – Was istn mit dem? Spinnt der jetzt?

DER ÄLTERE Keine Bange. Der träumt nur.

DER JÜNGERE Hol dicht die Großschot!

DER ÄLTERE Kümmere Dich nicht um ihn. Der ist weit weg mit seinen Gedanken. Der segelt anscheinend. – *Pause* – Was ist mit Deinem Auftrag?

DER JÜNGERE – *zum Fremden* – Dich kenn ich doch. Dich kenn ich doch von irgendwoher. – *Pause* – Ja, ich kenne Euch. Alle beide. – *sieht das Messer* – Vorsicht Mann, Du hast die Klinge draußen!

DER FREMDE Sieh mal an. Bist schnell von Begriff. – *Pause* – Was meinst Du wohl, wozu? Was meinst Du wohl, wozu ich die Klinge draußen habe?

DER JÜNGERE – *erschrocken* – Das ist doch nicht Dein Ernst. Das kann doch nicht Dein Ernst sein. Was haben wir Dir getan?

DER ÄLTERE – *zum Jüngeren* – Ruhig, Junge. Er glaubt, er ist stark. Waffen verändern den Menschen. Weil er zur Waffe gegriffen hat, glaubt er, er ist stark. Aber das ist er nicht. Wer zur Waffe greift, ist niemals stark. Wäre er es, bräuchte er keine Waffe.

DER FREMDE Sei bloß ruhig, Du Schlaumeier. Ich hab Dir schon einmal gesagt, ich kann Dich abstechen. – *Pause* – Ich kann Dich abstechen. Einfach abstechen.

DER ÄLTERE Und ich hab Dir gesagt, daß ich vor Dir keine Angst habe. Stech ruhig zu. Es wird Dir nichts nützen. Und wenn ich von der Welt gehe, wirds niemanden weh tun. Niemand wirds bemerken.

– *Pause* –

DER JÜNGERE Wann kommt der Zug?

DER ÄLTERE Welcher Zug? – *Pause* – Es kommt kein Zug.

DER JÜNGERE Es kommt kein Zug?

DER ÄLTERE Nein, es kommt kein Zug.

DER JÜNGERE Aber dies ist doch ein Bahnhof, oder? Dies ist doch ein Bahnhof?

DER FREMDE Hör auf Junge. Selbstverständlich ist dies ein Bahnhof. Das sieht doch jeder, daß dies ein Bahnhof ist.

DER JÜNGERE Dann kommt auch ein Zug. Wenn dies ein Bahnhof ist, dann kommt auch ein Zug. Ganz bestimmt. Irgendwann kommt auch ein Zug.

DER ÄLTERE Nein, es fahren hier keine Züge mehr.

– Pause –

DER JÜNGERE *– sich plötzlich erinnernd und an den Älteren wendend –* Jetzt weiß ich, wer Du bist. Die ganze Zeit hab ich überlegt, wer Du bist. Ich hatte so ein Gefühl, Dich zu kennen. Jetzt weiß ich es. Jetzt weiß ich, daß ich Dich kenne. Du bist doch dieser Typ von der Bank, oder? Bist Du der Typ von der Bank?

DER ÄLTERE Ja. *– Pause –* Du hast Recht.

DER JÜNGERE *– sich an den Fremden wendend –* Und Du bist der, der die Bank weghaben wollte. Du bist der, dem die Bank im Weg war. Ich erinnere mich. *– Pause –* Aber die Bank ist noch immer da. *– lacht –* Die Bank ist noch da, wo sie immer war. Immer noch am selben Fleck. *– steigert sein Lachen –* Junge, was hast Du denn nur die ganze Zeit getrieben. Du willst mir doch wohl nicht im Ernst weismachen, daß Du die ganze Zeit, in der ich hier lag, in der ich hier ohnmächtig lag, Gedanken darüber verschwendet hast, wie Du am besten diese Bank beseitigst. *– lacht wie irre –* Der Kerl ist ne Wucht! *– Pause –* Ne Wucht ist der. Macht aus nichts

76

ne Affäre. Ne große dicke Affäre. Das muß man Dir lassen, Du bist ne Wucht! – *Pause* – Jeder normale Mensch bräuchte nicht mal eine Minute, um diese Bank da wegzuschieben, nicht mal eine Minute, und Du, – *hält sich den Bauch vor Lachen* – Du ... Zum Schießen! Einfach zum Schießen!

DER FREMDE Halt Dein Maul. Ich kann Dich genauso abstechen wie ihn.

DER JÜNGERE Was bist Du nur für eine jämmerliche Gestalt. Wir sind ja schon jämmerlich genug, aber Du, Du übertriffst uns ja noch um Lichtjahre!

– *Pause* –

DER FREMDE Ja, ich bin ziemlich jämmerlich. – *Pause* – Ich komm aus ner Kleinstadt. Wißt Ihr, was das heißt, aus ner Kleinstadt zu kommen?

DER JÜNGERE Wer aus ner Kleinstadt kommt, ist klein. Wird kleingemacht und bleibt klein. Bleibt klein sein ganzes Leben lang. – *Pause* – Ich weiß, daß ich aus diesem Kaff komme, diesem hundserbärmlichen Kaff an der Grenze.

DER ÄLTERE Ich komme auch aus einer Kleinstadt.

DER FREMDE Sie vernichten Dich, in einer Kleinstadt vernichten sie Dich. Du wirst zum Krüppel.

DER JÜNGERE Wie sie mich anwidert, diese Stadt, wie sie mich anekelt, diese elende seelenlose Stadt, ohne Gesicht, ohne Luft, die Stadt, die mir den

Hals zuschnürte, mich abwürgte, mich nicht zur Entfaltung kommen ließ.

DER ÄLTERE Ich lebe nicht. Ich lebe gelebtes Leben. Ich lebe nur eine Wiederholung dessen, was ich so oder in ähnlicher Weise zuvor in zahlreichen Augenblicken gelebt und genossen habe.

DER FREMDE Ich fackel nicht mehr lange, ich schlag zu.

DER JÜNGERE Wir leben weil wir leben.

DER ÄLTERE Manchmal denke ich, es wäre besser, nicht geboren worden zu sein.

DER FREMDE Das Leben ist unerträglich.

DER JÜNGERE Ja, das Leben ist unerträglich.

DER ÄLTERE Nein, wir sind unerträglich.

Schnipsel

1

Straßenszene
Cooper, in Uniform; Leonhard, in Zivil

COOPER He, Sie!

LEONHARD Erlauben Sie mal.

COOPER Ich erlaube gar nichts. Aber Sie erlauben, daß
ich Sie ersuche, das aufzuheben.

LEONHARD Was?

COOPER Das, was Sie da haben fallen lassen.

LEONHARD Ich habe nichts fallen lassen.

COOPER Da, den Schnipsel, sehen Sie den? Den haben
Sie eben fallen lassen.

LEONHARD Ich?

COOPER Sie.

LEONHARD Sie müssen sich irren. Ich habe den
Schnipsel nicht fallen lassen. Ich habe überhaupt nichts fallen lassen.

COOPER Und wie ist der Schnipsel dann wohl dahin-
gekommen? Vielleicht geflogen?

LEONHARD Woher soll ich das wissen? Was kümmert Sie überhaupt der Schnipsel?

COOPER Wer mag ihn wohl fallen gelassen haben?

LEONHARD Woher soll ich das wissen?

COOPER Habe ich etwa den Schnipsel dahin gelegt?

LEONHARD Woher soll ich das wissen?

COOPER Wenn nicht ich, wer muß es wohl dann gewesen sein?

LEONHARD Sie meinen ...?

COOPER Richtig. Oder sehen Sie außer sich noch andere, die den Schnipsel hätten fallen lassen können?

LEONHARD Vielleicht liegt ja der Schnipsel schon länger da. Vielleicht schon seit einigen Tagen. Und niemand hat ihn bemerkt.

COOPER Glauben Sie? Er liegt nicht schon länger da. Sie haben ihn eben fallen lassen. Vor meinen Augen.

LEONHARD Sie irren sich. Gewiß irren Sie sich.

COOPER Ganz bestimmt nicht. Bevor Sie kamen lag hier noch kein Schnipsel. Jetzt liegt er da.

LEONHARD Na, wenn schon. Was nehmen Sie Anstoß daran? Ein kleiner harmloser Schnipsel. Beim nächsten Windhauch schon ist er entschwunden.

COOPER Und verunreinigt die Straße an anderer Stelle. Das ist genau die Haltung, die uns nicht paßt. Die Unbekümmertheit, die wir nicht dulden.

LEONHARD Wir?

COOPER Wir von der ADE.

LEONHARD ADE?

COOPER Armee der Erneuerung.

LEONHARD Armee der Erneuerung? Nie gehört.

COOPER So geht es den meisten. Aber einmal ist immer das erste Mal. Und wer je von uns gehört hat, vergißt uns nicht mehr. Nie. Dafür sorgen wir.

LEONHARD Armee der Erneuerung. So ein Unfug.

COOPER Unterstehen Sie sich. Wenn hier einer für Unfug sorgt, dann sind Sie das. Mit Ihrem arglos hingeworfenen Schnipsel. Aber das gewöhnen wir Ihnen ab. Wir treten für saubere und gesunde Lebensräume ein.

LEONHARD Saubere und gesunde Lebensräume? Daß ich nicht lache!

COOPER Ihnen wird das Lachen noch vergehen. Wir bekämpfen jede Form der Zügellosigkeit. Jede! Obwohl das Fallenlassen eines Schnipsels eher noch zu den kleineren Vergehen gehört. Aber wir stehen auch erst am Anfang.

LEONHARD Jede Form der Zügellosigkeit? Ihr bekämpft jede Form der Zügellosigkeit?

COOPER Mit aller Konsequenz. Die Sie gleich zu spüren bekommen, wenn Sie den Schnipsel, den Sie da hingeworfen haben, nicht aufheben.

LEONHARD Jetzt schlägt es aber Dreizehn! So erreichen Sie bei mir gar nichts. Und mit aller Konsequenz erst recht nichts.

COOPER Glauben Sie?

LEONHARD Wer gibt Ihnen das Recht ...

COOPER Ist völlig belanglos. Die ADE ist an Ort und Stelle. Das allein zählt.

LEONHARD Das zählt überhaupt nicht. Ich protestiere. Was legitimiert Sie, mich ...

COOPER Ist völlig belanglos. Ich bin da. Das allein ist ausschlaggebend. Und wo ich bin, wird getan, was ich sage. Mit aller Konsequenz. – *schärfer im Ton* – Ich fordere Sie nun zum letzten Mal auf, den Schnipsel aufzuheben.

LEONHARD Ich denke ja nicht daran. Wie käme ich wohl dazu?

COOPER Sie sollen auch nicht denken, sondern nur tun, was ich sage. – *gibt ihm einen Tritt in die Kniekehle* –

84

LEONHARD Aua! – *geht auf die Knie* – Was fällt Ihnen denn ein?

COOPER Sie nehmen jetzt den Schnipsel in den Mund und schlucken ihn runter.

LEONHARD Sind Sie noch bei Trost?

COOPER Guter Mann, darf ich Sie erinnern? Wir sind von der ADE, bekämpfen die Zügellosigkeit, und das mit aller Konsequenz. – *gibt ihm einen Schlag auf den Rücken* –

LEONHARD Aua! Was fällt Ihnen denn ein? Das ist ja Schikane. Hilfe! Ist denn keiner da, der mir helfen kann?

COOPER Es ist niemand da. Nur ich. Und ich helfe Ihnen bereits. Ich helfe Ihnen, Ihre Zügellosigkeit zu erkennen.

LEONHARD Das ist ja völlig überzogen, Mann.

COOPER Das zu beurteilen, überlassen Sie besser der ADE. Und nun tun Sie gefälligst, was ich Ihnen gesagt habe und nehmen den Schnipsel in den Mund.

LEONHARD Hilfe! Hiiilfee!

COOPER Schreien Sie nur. Schreien Sie, soviel Sie wollen. Es wird Ihnen nichts nützen.

LEONHARD Nichts nützen? Aber irgend jemand wird mich doch wohl hören.

COOPER Vergessen Sie es. Wir von der ADE sorgen schon dafür, daß Sie niemand hört. Niemand außer uns, wohlgemerkt.

LEONHARD Irgend jemand wird doch wohl noch Zivilcourage besitzen und mir helfen.

COOPER Zivilcourage! Die werden wir uns auch noch vorknöpfen. Aber eins nach dem anderen. Wir sind wie gesagt erst am Anfang.

LEONHARD Das glaub ich nicht. Das glaub ich einfach nicht. Wir leben doch in einem Rechtsstaat.

COOPER Der gute Rechtsstaat leistet sich Fehler über Fehler. Das Ergebnis sehen Sie ja. Gesocks und Gesindel, Geschmiere und Gesudel. – *Pause –* Das ist unsere Marktlücke. Die Schwäche des Rechtsstaats ist unsere Stärke.

LEONHARD Damit kommen Sie doch nicht durch. Unsere Regierung wird ...

COOPER Unsere Regierung wird gar nichts. Unsere Regierung ist froh, daß es uns gibt, daß wir aufräumen und sie sich nicht die Hände schmutzig machen muß. Von den Kosten, die sie durch uns spart, ganz zu schweigen.

LEONHARD Arbeiten Sie etwa im Auftrag des Staates? Das wäre ja furchtbar.

COOPER Auftrag ist vielleicht etwas viel gesagt. Wir brauchen keine Aufträge. Offiziell gibt es uns ja gar nicht. Oder haben Sie schon mal von uns gehört? Haben Sie irgend jemanden in Ihrem

Bekanntenkreis schon mal über uns reden hören?

LEONHARD Nein.

COOPER Sehen Sie. Niemand kennt uns. Niemand will uns kennen, genauer gesagt. Und dennoch sind wir am Werk. Und das höchst effizient.

LEONHARD Ich kenne Euch jetzt. Ich erzähle es weiter. Ich mache das, was mir geschieht, publik. Darauf können Sie sich verlassen.

COOPER Tun Sie es. Empfehlen Sie uns. Berichten Sie Ihr Erlebnis. Und ich garantiere Ihnen, Sie werden die untrügliche Erkenntnis machen, daß man Ihnen keinen Glauben schenken wird, Sie für verrückt erklärt. Kapieren Sie doch, man will nichts von uns wissen.

LEONHARD Vermutlich haben Sie auch noch Recht.

COOPER Und ob ich Recht habe. Mal ehrlich, würden Sie es glauben? Würden Sie glauben oder glauben wollen, wenn Sie über das, was wir tun, erzählt hörten?

LEONHARD Nein. Ich würde es weder glauben, noch glauben wollen. Ich will ja noch nicht mal glauben, was mir hier passiert.

COOPER Sehen Sie. Genau das ist unsere Stärke. Daß wir tun, was niemand für möglich hält. Selbst wenn er es am eigenen Leibe erfährt. Wir bekämpfen die Zügellosigkeit, wir beschneiden den Wildwuchs, wir beseitigen das Abartige.

Und seien wir doch mal ehrlich, es will zwar niemand tun, was wir tun, es will auch niemand wissen, was wir tun, und doch wünscht sich im Grunde jeder, daß getan wird, was wir tun. Und jetzt schlucken Sie endlich den Schnipsel runter. – *schlägt ihn erneut* – Wird's bald? Meine Geduld nähert sich dem Ende.

LEONHARD Aber...

COOPER Schluß jetzt mit der Diskussion. Jetzt wird gehandelt. Zuviel Diskussion ist der Sache abträglich. Los, in den Mund damit.

LEONHARD Hilfe! So helft mir doch. Ist denn da niemand? So helft mir doch.

COOPER Ich hoffe, Sie haben Ihre Lektion verstanden.

LEONHARD Ich habe nichts verstanden, außer daß ich mich Ihrer Brutalität beugen mußte.

COOPER Werden Sie noch einmal unachtsam sein, einen Schnipsel fallen lassen und die Straße verschmutzen? Werden Sie das noch einmal tun?

LEONHARD Ich habe keinen Schnipsel fallen lassen. Früher nicht und jetzt auch nicht. Sie haben mir einreden wollen, ich hätte einen Schnipsel fallen gelassen.

COOPER Nun wollen wir uns mal nicht in Haarspalterei ergehen. Was macht das schon für einen Unterschied, ob Sie einen Schnipsel haben fallen lassen oder nicht, ob ich Ihnen einreden wollte,

Sie hätten einen fallen lassen oder nicht. Ist doch völlig belanglos. Es ist völlig belanglos, ob Sie was getan haben oder nicht getan haben, entscheidend ist, daß Sie es künftig nicht tun. Daß Sie künftig keinen Schnipsel fallen lassen. Hier nicht und nirgendwo sonst.

LEONHARD Und wenn ich es tue?

COOPER Auch bei uns gilt: Ein Fehltritt ist gestattet.

LEONHARD Im Wiederholungsfall kostet es den Kopf?

COOPER Sie sagen es.

LEONHARD Und wie ich Sie inzwischen kenne, ist das wörtlich zu verstehen?

COOPER Sie begreifen schnell. Wie ich ja schon sagte, wir handeln mit aller Konsequenz.

LEONHARD Und dazu ist Ihnen jedes Mittel Recht? Das ist Willkür.

COOPER Härte, mein Lieber, Härte ist das. Gesunde Härte. Und die ist in unserer verkommenen Gesellschaft, in der sich jeder erlauben kann, zu tun, was er will, dringend vonnöten.

LEONHARD Kann ich jetzt gehen?

COOPER Aber sicher. Sie sind einer freier Mann und können tun, was Ihnen beliebt. – *Pause* – Meine Aufgabe ist längst erledigt, Ihre Lektion haben Sie erhalten und wie es scheint, auch be griffen. Der Rest kümmert mich nicht. Sie sind in Ihren Entscheidungen frei.

LEONHARD Zu gütig.

COOPER Wir sind doch keine Unmenschen.

2

Wohnung Leonhard
Leonhard, in Zivil; Cooper, in Zivil

LEONHARD Sie?

COOPER Guten Abend.

LEONHARD Wie kommen Sie hier herein? Was wollen Sie?

COOPER Ich möchte mit Ihnen reden. Darf ich näher treten?

LEONHARD Darüber bin ich mir nicht sicher. – *Pause* – Ich möchte nämlich nicht mit Ihnen reden.

COOPER Ich kann Ihnen nachfühlen.

LEONHARD Das bezweifle ich.

COOPER Reden Sie mit mir, bitte. Ich bitte Sie, Seien Sie nicht nachtragend.

LEONHARD Nicht nachtragend? Sie haben mich gequält. Sie waren hochmütig und zynisch. – *Pause* – Jetzt winseln Sie mich an.

COOPER Zugegeben. Jetzt bin ich kleinlaut. Aber auch reumütig.

LEONHARD Reumütig? Sie sind reumütig? – *Pause* –
Etwas spät, finden Sie nicht?

COOPER Spät ja. Aber für Reue ist es wohl nie zu spät.
Darf ich mich setzen? – *setzt sich unaufge-
fordert* –

LEONHARD Was wollen Sie von mir? Sich entschul-
digen?

COOPER Auch.

LEONHARD Auch? Was denn noch?

COOPER Sie um Hilfe bitten.

LEONHARD Um Hilfe? Sie bitten mich um Hilfe?

COOPER Ja.

LEONHARD Das ist ja grotesk.

COOPER Zugegeben.

LEONHARD Sie wollen, daß ich Ihnen helfe? Ihnen? –
Pause – Finden Sie nicht, daß Sie ziemlich
dreist sind? Sie, der Sie mich erniedrigt haben,
bitten mich um Hilfe? – *Pause* – Mir fehlen die
Worte.

COOPER Ich habe keine andere Wahl.

LEONHARD Warum gerade ich? Weshalb kommen Sie
ausgerechnet zu mir?

COOPER Sie erschienen mir – wie soll ich das sagen –
Sie machten auf mich einen vernünftigen Eindruck.

LEONHARD Vernünftigen Eindruck? Ich? – *Pause* –
Ich, der ich mich feige Ihnen gebeugt habe, der
ich mich Ihnen nicht widersetzt habe, keinerlei
Widerstand leistete, machte einen vernünftigen
Eindruck?

COOPER Genauso ist es.

LEONHARD Kann einer wie Sie das überhaupt beurteilen? Ist Vernunft denn überhaupt eine Katego-
rie, die für einen wie Sie geistig zugänglich ist?

COOPER Sie haben keine gute Meinung von mir?

LEONHARD Wundert Sie das? – *Pause* – Nein, ich habe keine gute Meinung von Ihnen. Ich habe eigentlich gar keine Meinung von Ihnen. Wieso
auch? – *Pause* – Wieso sollte ich meine Zeit
verschwenden, mir eine Meinung über Sie zu
bilden? – *Pause* – Sie sind mir völlig gleichgültig. Sie widern mich an.

COOPER Also doch nicht so gleichgültig.

LEONHARD Sie sind doch wohl nicht gekommen, um
mit mir das zu diskutieren. Um mit mir zu diskutieren, welche Meinung ich von Ihnen habe.
Oder haben sollte. – *Pause* – Also, was wollen
Sie?

COOPER Ihre Hilfe. Ich sagte es schon.

LEONHARD Meine Hilfe? Ich fasse es nicht.

COOPER Was würden Sie sagen, Wenn Sie hörten, daß ich ausgestiegen bin? – *Pause* – Ich habe die Organisation verlassen.

LEONHARD Was soll ich schon dazu sagen? Warum sollte ich was dazu sagen? Es interessiert mich nicht. – *Pause* – Na und, könnte ich allenfalls sagen, damit Sie wenigstens eine Antwort haben.

COOPER Sie können sich sicher vorstellen, daß es die ADE nicht so gern sieht, wenn ein Mitglied sie verläßt. – *Pause* – Genau genommen duldet sie es nicht.

LEONHARD Verstehe, Sie sind also gewissermaßen auf der Flucht.

COOPER Sozusagen.

LEONHARD Sie sind auf der Flucht und suchen Unterschlupf.

COOPER Ja. – *Pause* – Das ist es, worum ich Sie bitten möchte. Gewähren Sie mir Unterschlupf. – *Pause* – Für eine Weile wenigstens.

LEONHARD Ich soll Sie verstecken?

COOPER Ja, ich bitte darum.

LEONHARD Sie haben vielleicht Humor. – *Pause* – Warum sollte ich? Warum sollte ich Sie verstecken?

COOPER Weil ich sonst verloren bin. Im Sinne der Menschlichkeit bitte ich Sie ...

LEONHARD Im Sinne der Menschlichkeit! Das sagen Sie mir? Sie? Wissen Sie überhaupt, was Sie da sagen? – *Pause* – Wissen Sie überhaupt, was Sie da für Worte in den Mund nehmen? Haben Sie überhaupt eine Ahnung von Menschlichkeit? – *Pause* – Kann denn Ihr Hirn, Ihr kleines Hirn, überhaupt eine Vorstellung von Menschlichkeit entwickeln?

COOPER Ich kann Ihren Zorn ja verstehen.

LEONHARD So? Können Sie? – *Pause* – Sie waren nicht gerade menschlich zu mir.

COOPER Nein, das war ich nicht.

LEONHARD Woher der Sinneswandel?

COOPER Ich bin nicht mehr einverstanden mit dem, was die ADE tut.

LEONHARD So plötzlich?

COOPER Ja, die Ziele haben sich gewandelt. Am Anfang fand ich es ja richtig, wofür die ADE eintrat. – *Pause* – Saubere Straßen und so.

LEONHARD Keinen Alkohol, keine Feiern, keinerlei Spaß. – *Pause* – Alles zu untersagen, was das

Leben lebenswert macht, das fanden Sie richtig?

COOPER Nunja, anfangs schon. – *Pause* – Es dauerte ein wenig bei mir. Es dauerte, bis ich nachdenklich wurde. – *Pause* – Man kann Spaß nicht verbieten.

LEONHARD Sie sagen es.

COOPER Aber jetzt reicht das der ADE nicht mehr. Jetzt reicht es ihr nicht mehr, nur die Straßen zu säubern, jetzt beginnt sie auch mit Gehirnsäuberung.

LEONHARD Natürlich.

COOPER Natürlich?

LEONHARD Über kurz oder lang muß sie das ja wohl.

COOPER Wie soll ich das verstehen?

LEONHARD Wie Sie schon sagten, Spaß läßt sich nicht verbieten. – *Pause* – Auch nicht mit euren Methoden. – *Pause* – Und wenn das nicht mal mit euren Methoden geht, muß man im Kopf anfangen, muß man an die Gedanken ran.

COOPER Sie meinen, das eine verlangt das andere?

LEONHARD Aber natürlich. – *Pause* – Reichlich naiv, von Ihnen, anzunehmen, die ADE habe sich verändert. Die ADE macht weiter, wo sie angefangen hat. – *Pause* – Mit aller Konsequenz sozusagen, um mit Ihren Worten zu reden.

COOPER Und nun?

LEONHARD Nun ist es besser, Sie gehen.

COOPER Sie weisen mich vor die Tür?

LEONHARD Was sollte es für einen Sinn machen, Sie zu verstecken? Die ADE macht weiter, ob mit Ihnen oder ohne Sie. Und früher oder später findet sie Sie. – *Pause* – Sie können schließlich nicht ewig hier bleiben.

COOPER Sie liefern mich denen aus?

LEONHARD Ausgeliefert haben Sie sich denen. Nicht ich. – *Pause* – Sie verlangen von mir, auszulöffeln, was Sie sich eingebrockt haben.

COOPER Ich habe einen Fehler gemacht.

LEONHARD Das haben Sie wohl. Und Sie sind dabei, einen zweiten zu begehen.

COOPER Einen zweiten?

LEONHARD Ja. – *Pause* – Flucht ist keine Lösung.

COOPER Aber ich kann nicht länger bei der ADE mitmachen. Ich kann das nicht mehr. Verstehen Sie doch!

LEONHARD Flucht ist allenfalls eine Lösung für Sie. Für Sie ganz allein. Die ADE aber macht weiter, ob Sie nun fliehen oder nicht.

COOPER Sie meinen, man sollte denen das Handwerk legen? – *Pause* – Gegen sie kämpfen? – *Pause* – Meinen Sie das? – *Pause* – Ich soll gegen die ADE kämpfen, anstatt zu fliehen? Wollten Sie mir das sagen? – *Pause* – Gegen die ADE kann man nicht kämpfen.

LEONHARD Sie irren sich. Der Kampf hat längst begonnen.

– Vier Freunde Leonhards treten langsam hervor –

3

Straßenszene
Leonhard, in Uniform; Cooper, in Zivil

LEONHARD He, Sie!

COOPER Meinen Sie mich?

LEONHARD Ja, Sie.

COOPER Was gibt es?

LEONHARD Kommen Sie doch mal.

COOPER Bitte, was gibt es denn?

LEONHARD Heben Sie den Schnipsel auf.

COOPER Welchen Schnipsel?

LEONHARD Den, den Sie haben fallen lassen.

COOPER Ich habe keinen Schnipsel fallen lassen.

LEONHARD Den Schnipsel da haben Sie fallen lassen,
und den Schnipsel heben Sie auch wieder auf.

COOPER Sagen Sie, kennen wir uns nicht?

LEONHARD Lenken Sie nicht ab. Natürlich kennen wir uns nicht. – *Pause* – Heben Sie jetzt gefälligst den Schnipsel auf.

COOPER Erkennen Sie mich denn nicht? Ich bin es, Cooper.

LEONHARD Ich kenne Sie nicht.

COOPER Aber sicher doch. Ich habe Sie mal besucht. Erinnern Sie sich? Und ich habe mal die Uniform getragen, die Sie jetzt tragen. – *Pause* – Sie sind Leonhard. Ich kenne Sie. – *Pause* – Und Sie kennen mich.

LEONHARD Ich ersuche Sie jetzt zum letzten Mal, den Schnipsel aufzuheben.

COOPER Schon gut, schon gut, ich hebe ihn ja auf. – *bückt sich und gibt ihm den Schnipsel* – Auch wenn ich ihn nicht habe fallen lassen.

LEONHARD Danke, Cooper.

COOPER He, Sie erkennen mich ja doch!

LEONHARD Nicht so laut, Cooper. – *zieht ihn beiseite* – Natürlich erkenne ich Sie. Aber nur inoffiziell. Offiziell kenne ich Sie nicht. Sie sind immer noch Unperson. – *Pause* – Wie geht es Ihnen?

COOPER Oh, ich kann nicht klagen. Ich komme gut zurecht. – *Pause* – Nach meinem Besuch bei Ihnen habe ich ein völlig neues Leben begon nen. Und das ist mir auch gelungen. All die Jahre hat man mich nicht behelligt.

LEONHARD Das freut mich, Cooper.

COOPER Hatten Sie Ihre Finger im Spiel?

LEONHARD Ein wenig. Nicht der Rede wert. Wir sind ja keine Unmenschen.

COOPER Aber ihr treibt dasselbe Spiel. Dasselbe Spiel, das wir einst gespielt haben.

LEONHARD Ja Cooper, dasselbe Spiel. – *Pause* –Verrückt, nicht wahr?

COOPER Aber warum?

LEONHARD Ich weiß es nicht, Cooper. Ich verstehe es selbst nicht. – *Pause* – Aber so ist wohl der Lauf der Welt.

COOPER Was soll das heißen, so ist der Lauf der Welt?

LEONHARD Daß Dinge geschehen, die sich nicht erklären lassen. – *Pause* – Die einfach geschehen wie sie geschehen.

COOPER Einfach geschehen? – *Pause* – Nichts geschieht so einfach. Alles hat eine Ursache.

LEONHARD Möglich, Cooper, möglich. Aber wir haben das in der Tat nicht gewollt. Wir haben nicht das Spiel der ADE spielen wollen. Im Gegenteil, wir hatten die ADE zerschlagen wollen.

COOPER Aber warum habt ihr das denn nicht? Warum habe ihr euch korrumpieren lassen?

LEONHARD Langsam, Cooper, langsam. Wir haben die ADE zerschlagen. Wir haben sie bekämpft und zerschlagen. – *Pause* – Zumindest das Haupt der Organisation, die Führung.

COOPER Was? Ihr habt sie zerschlagen und spielt trotzdem deren Spiel? Ihr habt die ADE zerschlagen und laßt sie trotzdem weiter leben? Ihr setzt sogar noch deren Werk fort? – *Pause* – Ich begreif das nicht.

LEONHARD Das ist auch schwer zu begreifen. Wir haben es selbst nicht begreifen wollen. – *Pause* – Aber es ist so geschehen.

COOPER Es ist so geschehen? Und ihr habt nichts dagegen unternommen?

LEONHARD Es kam ganz von selbst, Cooper. – *Pause* – Wir hatten gesiegt. Wir hatten erreicht, was wir hatten erreichen wollen. – *Pause* – Aber damit begann auch das Verhängnis.

COOPER Verhängnis? Welches Verhängnis.

LEONHARD Wir waren glücklich, weil wir gesiegt hatten. Das können Sie sich sicher vorstellen. Wir waren überglücklich. – *Pause* – Doch in unseren Sieg mischten sich Tränen. – *Pause* – Und das waren keineswegs nur Freudentränen.

COOPER Wieso? Ihr hattet doch erreicht, was ihr hattet erreichen wollen.

LEONHARD Das schon. – *Pause* – Wir hatten in der Tat erreicht, was wir hatten erreichen wollen. – *Pause* – Das schon. – *Pause* – Aber uns war zugleich klar, daß mit dem Sieg unsere Arbeit auch beendet war.

COOPER Na und? Das wußtet ihr doch von Anfang an.

LEONHARD Sicher, das wußten wir von Anfang an. – *Pause* – Aber das Wissen darum ist das eine, das Erleben das andere. – *Pause* – Wenn man so lange wie wir zusammen gekämpft hat, immer den Sieg vor Augen, dann ist es schwer, von einem Augenblick auf den anderen aufzuhören. – *Pause* – Dann ist es verdammt schwer, zu sagen, das wars, nun gehen wir alle wieder schön nach Hause. – *Pause* – Verstehen Sie das?

COOPER Offen gestanden, nein. – *Pause* – Offen gestanden, ich verstehe das nicht so ganz. – *Pause* – Es war doch geschehen, was ihr immer gewollt hattet. Wieso kann dann etwas geschehen, was ihr nicht gewollt habt?

LEONHARD Ich weiß es nicht, Cooper. – *Pause* – Ich weiß es nicht – *Pause* – Vielleicht, weil sich plötzlich jeder nutzlos vorkam. – *Pause* – Vielleicht, weil sich jeder einredete, die Mühe müsse sich wenigstens auch auszahlen.

COOPER Aber hat sie sich denn nicht ausgezahlt? – *Pause* – Die ADE war doch hinweggefegt?

LEONHARD Persönlich auszahlen. – *Pause* – Ich meinte persönlich auszahlen.

COOPER Eine Siegprämie? Ihr habt eine Siegprämie vermißt? – *Pause* – Ihr fühltet euch als Söldner?

LEONHARD Niemand hat eine Siegprämie gefordert, Cooper, niemand hat sie vermißt, niemand hat sich als Söldner gefühlt. Ich war lediglich auf der Suche nach einer Erklärung. Einer möglichen Erklärung. Immerhin haben Sie gefragt.

COOPER Die Psychologie des Sieges!

LEONHARD Cooper, wir hatten die ADE besiegt. Versetzen Sie sich mal in unsere Lage! – *Pause* – Wir hatten gesiegt, nun stand uns auch die ADE zu. Jetzt waren wir die ADE. – *Pause* – Das war doch naheliegend. – *Pause* – Es war vollkommen selbstverständlich, daß von nun an wir die ADE waren.

COOPER Ihr seid einfach in deren Fußstapfen getreten? Ohne Skrupel? Einfach so?

LEONHARD Ist das so abwegig? – *Pause* – Wer früher den König von Thron stürzte, setzte sich doch anschließend auch selbst drauf.

COOPER Da haben Sie aber ein sehr lückenhaftes Geschichtsbild, Leonhard.

LEONHARD Cooper, es geschah einfach, keiner hatte das gewollt, keiner hatte dazu aufgerufen.

COOPER Und jeder von euch hatte sich damit abgefunden? – *Pause* – Hatte sich damit abgefunden, die eigenen Ziele verraten zu haben?

LEONHARD Ja, Cooper. So ist der Lauf der Welt. – *Pause* – Wer plötzlich zu Macht gelangen kann, greift zu. Ohne Skrupel. – *Pause* – Und findet Gefallen daran, sie auszuüben. – *Pause* – Und was vorher war, zählt nicht mehr.

COOPER Zählt nicht mehr? Nur die Macht zählt?

LEONHARD Die Macht. Und die Absicht, sie auch zu behalten. – *Pause* – Macht macht Spaß, Cooper, unvorstellbaren Spaß.

COOPER Ihr habt Vergnügen an der Macht? – *Pause* – Ihr macht das zu eurem Vergnügen?

LEONHARD Aber ja, Cooper. – *Pause* – Was meinen Sie, welches Vergnügen es bereitet, zu erleben, daß alles nach der eigenen Pfeife tanzt. – *Pause* – Tanzen muß. – *Pause* – Einmal genossen, geben Sie das nicht wieder auf.

COOPER Das ist ja schrecklich, was Sie da sagen. – *Pause* – Ich erkenne Sie nicht wieder, Leonhard.

LEONHARD Auf einmal? – *Pause* – Auf einmal erkennen Sie mich nicht mehr? – *Pause* – Waren Sie es nicht, der darauf bestanden hatte mich kennen zu wollen? Erinnern Sie sich? Sie hatten mich angesprochen und behauptet, mich zu kennen. – *Pause* – Da sehen Sie mal, wie leicht man sich täuschen kann. – *Pause* – Es ergeht Ihnen damit nicht besser als uns, Leonhard. – *Pause* – Auch wir mußten feststellen, daß wir uns getäuscht hatten. Wir, die wir gesiegt hatten, aber mit unserem Sieg nicht umzugehen verstanden. – *Pause* – Wir hatten gesiegt, aber wir verwandelten unseren Sieg in eine Niederlage. – *Pause* – Indem wir der Macht nicht widerstanden. – *Pause* – Indem wir die Arbeit der ADE fortsetzten. – *Pause* – Indem wir taten, was wir nicht wollten. – *Pause* – So wie wir uns täuschten, täuschten auch Sie sich. In Ihrer Fähigkeit, Menschen beurteilen zu können. – *Pause* – Und nun muß ich mal wieder ein ernsthaftes Wort mit Ihnen reden, damit Sie Ihre Lektion lernen. Sie haben wieder einen Schnipsel fallen lassen.

COOPER Ich ...

LEONHARD Keine Widerrede. Sie heben jetzt den Schnipsel auf.